Construire la citoyenneté européenne

P.I.E. Peter Lang
Bruxelles • Bern • Berlin • Frankfurt am Main • New York • Oxford • Wien

Laure Clément-Wilz & Sylvaine Poillot-Peruzzetto (dir.)

Construire la citoyenneté européenne

Collection « Europe des Cultures »
n° 9

Avec le soutien financier de l'IRDEIC et du Centre d'excellence Jean Monnet de Toulouse.

Éditions scientifiques internationales
Bruxelles, 2014
1 avenue Maurice, B-1050 Bruxelles, Belgique
www.peterlang.com ; info@peterlang.com

ISSN 2031-3519
ISBN 978-2-87574-133-2
D/2014/5678/03

Ouvrage imprimé en Allemagne

Information bibliographique publiée par « Die Deutsche Nationalbibliothek »
« Die Deutsche Nationalbibliothek » répertorie cette publication dans la « Deutsche Nationalbibliografie » ; les données bibliographiques détaillées sont disponibles sur le site http://dnb.n-db.de.

Table des matières

Préface

« Nous voulons connaître tous les obstacles que la vie quotidienne oppose à votre qualité de citoyen qui vit, qui étudie, qui travaille, qui achète ou simplement qui voyage dans l'UE. Nous aimerions aussi connaître vos idées sur la manière de lever ces obstacles et sur ce que devraient être les futurs développements de la citoyenneté européenne ».

Voici ainsi les citoyens interpellés sur la citoyenneté européenne et sur leur qualité de citoyen par une consultation publique lancée par la Commission. Si l'interpellation repose sur une approche résolument pratique du quotidien, elle n'en ouvre pas moins le dialogue sur la projection d'un modèle alternatif par le citoyen lui-même.

Le 23 novembre 2012, l'IRDEIC et FRAMESPA, deux instituts de recherche de l'Université de Toulouse, ont privilégié à nouveau une approche interdisciplinaire, comme elles l'ont déjà fait dans d'autres manifestations sur l'Europe[1], pour s'interroger sur la citoyenneté européenne, sur ce qu'elle est, sur ce qu'elle pourrait être, sur ce qu'elle devrait être. L'approche juridique de la citoyenneté qui définit une identité première, mais surtout proclame son existence, mérite ainsi d'être mise en perspective avec l'approche de l'historien, du politologue, du sociologue, du géographe, de l'économiste sur la citoyenneté européenne.

Certes, ces rencontres interdisciplinaires autour de l'Europe montrent que celle-ci ne se présente pas à tous comme un même objet de réflexion. Chaque discipline en effet approche l'Europe avec sa propre définition de l'objet, avec ses propres méthodes et avec ses propres concepts. Il y a ainsi une certaine limite à l'interdisciplinaire, et la réflexion sur la citoyenneté européenne montre qu'elle peut pâtir du risque de la multiplication des langages et, finalement, du dialogue de sourds au pied d'une nouvelle tour de Babel. Comme pour les langues, les disciplines érigées en sciences auraient vite fait d'enfermer la citoyenneté européenne dans ses propres canaux de réflexion.

---

1 La première journée (25 mars 2011), qui a posé les fondements de ces regards croisés par la mise en place d'un collectif pluridisciplinaire baptisé « Les Amphis de l'Europe », a depuis été publiée : Bertrand Vayssière et Sylvaine Peruzzetto (dir.), *L'Europe, objet renouvelé des sciences sociales : un état des lieux chez les géographes, les historiens et les juristes*, Toulouse, Méridiennes, 2013.

Pourtant, la rencontre entre chercheurs, plus que la rencontre entre disciplines, montre que si chacun commence par définir son objet pour mieux le creuser, il est rapidement conduit à mettre à découvert des zones d'interrogation, des zones d'ombre qui, précisément, peuvent retrouver du sens par des approches renouvelées. Cette rencontre conduit à repérer des similitudes tout en créant des chocs salutaires. Il serait aussi faux que fou de vouloir unifier ces perspectives en une vision globale et synthétique, car c'est davantage la multiplication des points de vue qui permet à chacun d'avancer. Ainsi, le défi de l'interdisciplinaire ressemble étrangement au défi européen, où chacun doit pouvoir garder son identité dans l'échange, par un principe de confiance et de reconnaissance qui permet d'avancer ensemble : penser en commun la citoyenneté, c'est accepter de se laisser conduire à côté et au-delà de son propre cheminement.

Aborder la citoyenneté européenne c'est pour l'Europe à la fois de l'ancien et du nouveau.

De l'ancien, car la citoyenneté participe de cette « Europe-processus » toujours en cours. Elle relève en effet d'un processus puisqu'elle est elle-même à achever pour le bien de l'Europe. Il est étonnant à cet égard de constater que, dans le vocabulaire français, le terme « citoyen » soit antérieur à celui de citoyenneté, tandis que, dans le vocabulaire européen, celui de « citoyenneté » est antérieur à celui de citoyen, comme s'il fallait construire le citoyen par l'Europe et ses outils plutôt que l'inverse.

De l'ancien encore, car cette Europe en éternelle construction se dote précisément de concepts matriciels pour se déployer. C'est ainsi qu'elle s'est d'abord définie à travers l'objectif de « marché commun », devenu « marché intérieur », et qu'elle continue désormais sur sa lancée avec les thèmes d'« espace de liberté, de sécurité et de justice » et de « citoyenneté européenne ». En effet, ce dernier concept offre les mêmes potentialités pour le législateur, pour la Cour de justice, qui s'en est d'ailleurs déjà saisie, mais sans doute aussi pour les citoyens entreprenants. La citoyenneté européenne, au-delà des droits inscrits dans les Traités, se présente comme une opportunité offerte à tous de parfaire l'Europe.

Du nouveau, car la citoyenneté européenne modifie le paradigme de l'Europe institutionnelle, construite sur la base d'une relation verticale Union européenne-États. Certes, les entreprises ont largement participé à la construction du marché intérieur, tout comme les consommateurs d'ailleurs, appelés à jouer un rôle responsable ; certes les régions ont également été encouragées à dépasser la relation verticale de départ ; mais l'arrivée sur la scène politique du citoyen ouvre certainement de nouvelles perspectives de relations, à la fois horizontales et verticales, mais aussi de relations descendantes et ascendantes.

Du nouveau encore, car incontestablement la citoyenneté européenne enrichit le registre d'une Europe trop souvent et trop facilement taxée d'« économique ». Elle réintègre en effet dans les institutions des valeurs qui lui donnent un vrai poids historique et humaniste. À cet égard, il n'est pas étonnant que l'entrée de la citoyenneté européenne dans le vocabulaire de l'Union accompagne l'édification et la consécration parallèle des droits fondamentaux et de l'objectif de construction d'un espace de liberté, de sécurité et de justice.

Du nouveau toujours, car si l'Europe n'a cessé d'inventer ses méthodes de construction dès lors qu'il lui fallait construire un espace toujours plus large, la réflexion citoyenne la renforce par le recours à la base, que ce recours soit sollicité par elle ou qu'il finisse par s'imposer à elle.

Mais, derrière cette consécration juridique de la citoyenneté européenne, qu'en est-il de sa réalité sociologique ? Faut-il s'arrêter à l'évidente « incomplétude sociologique » dès lors que la citoyenneté n'est relayée ni par l'école, l'armée ou la presse, ni par une société civile incarnée dans un *demos* européen, dès lors que la mobilité, droit premier du citoyen européen, ne concerne dans les faits que 2% de la population européenne, ne représentant finalement qu'une somme de situations factuelles, pour lesquelles l'Europe a donné une solution à défaut de donner un sens ?

Pour transformer le « je national » en « nous européen », pour faire de l'Europe une affaire passionnelle plutôt que de raison, l'UE dispose de certains vecteurs qui ont fait l'objet de réflexion.

L'histoire officielle a cherché à personnifier l'Europe par ses fameux « pères fondateurs ». Elle a ainsi fait de Jean Monnet un homme illustre. Reste-t-il aujourd'hui un bon choix à l'heure des débats sur la citoyenneté européenne ? Cet homme a certes répondu aux besoins de la France comme au besoin des européistes les plus convaincus, mais sa personnalité et son charisme facilitent-ils une incarnation des Européens dans leur ensemble ? Il montre en tout cas qu'on ne naît pas Européen, mais qu'on le devient, et qu'il y a ainsi un « au-delà » de la citoyenneté sous la forme d'un acte de foi, qui n'a pas forcément de résonance dans le concept purement juridique de la citoyenneté européenne. Les événements historiques peuvent ainsi participer à construire une conscience. Une approche psychosociale montre en effet que « l'homme de la rue » se ressent national ou Européen en fonction du contexte, et qu'il choisit et rapporte différemment les événements de l'histoire selon celui-ci.

Au-delà de ces outils de médiation d'une conscience européenne que sont les grands hommes et les événements historiques, les institutions européennes ont-elles suffisamment pris la mesure de l'histoire des expériences européennes, menées en particulier par les universités en

Europe avant même la naissance des Communautés ? À cet égard, ces universités jouent-elles encore un rôle, au-delà des échanges Erasmus, dans la fondation des constructions culturelles sur lesquelles une Europe plus citoyenne pourrait s'appuyer ? N'ont-elles pas elles aussi modifié leur pratique autour d'un référentiel national et d'une pratique de concurrence dictée d'abord par la globalisation, oubliant tout l'intérêt de la dimension de coopération européenne, et toute la grandeur de leur rôle politique de formation des citoyens? Une approche sur le rôle historique des universités permet en tout cas d'interroger le présent des politiques universitaires en Europe.

Les éléments propres à construire ce lien de citoyenneté, au-delà de sa pure affirmation, ne manquent pas. Pourtant, si les institutions cherchent à convaincre de l'existence d'une citoyenneté, en particulier par le symbole fort d'une monnaie unique, il est vrai que ce dernier défi n'est pour l'instant pas convaincant, et ne facilite pas la réconciliation avec le citoyen. En effet, la construction d'une Europe monétaire sans Europe économique a facilité les dérapages en déresponsabilisant les États. On est du coup loin des solutions simples et d'évidence, telle que la mise en place d'un impôt européen versé directement par les Européens, qui aurait des conséquences sur le projet citoyen à l'échelle communautaire.

La mise en avant de valeurs communes en Europe peut sans doute donner de la substance à un « vouloir-vivre ensemble » transfrontalier, permettant aux citoyens de se reconnaître dans un environnement toujours plus large. À cet égard, les politiques régionales européennes sont-elles fondées sur la cohésion, qui devraient permettre d'enrichir, voire de dépasser, la seule référence aux États par l'affirmation d'une solidarité nouvelle. Ces politiques, mal connues dès lors que les apports financiers européens sont souvent présentés comme de simples compléments aux fonds nationaux, ou que les acteurs locaux en cachent l'origine par opportunisme politique, pourraient ainsi permettre de démontrer aux Européens l'importance de la solidarité dans l'Union.

La justice présente également toutes les potentialités d'une matrice de l'Europe, capable de renforcer l'adhésion des citoyens à un projet politique européen. Pour certains d'ailleurs, la justiciabilité est plus large que la citoyenneté, dès lors que la justice est la première dette du souverain. Tous les ingrédients existent en Europe pour retrouver une justice commune, qui aille au-delà des différences de systèmes trop facilement mises en avant, différences elles-mêmes cristallisées dans le cadre des États-nations avec l'usage trop facile du principe de l'autonomie procédurale. L'objectif de la construction d'un espace judiciaire européen donne les compétences et les moyens, mais il resterait comme toujours aux États d'accepter d'aller jusqu'au bout de la démarche entreprise : une justice européenne qui passerait certes par la reconnaissance des jugements rendus dans les autres États, mais surtout qui s'afficherait comme reposant sur les principes communs de la Convention européenne des droits de l'homme et de la Charte des droits fondamentaux. Le respect des droits fondamentaux, des règles fondamentales communes de procédure, de la coopération judiciaire en matière civile et pénale, de la coopération policière, tous ces éléments ne pourraient-ils aboutir à une réalité de justice pour le justiciable dès lors que la volonté de dépasser le référentiel national serait clairement acquise ?

Mais, finalement, cette longue liste de potentialités qui ne parviennent pas à résonner encore chez le citoyen et à donner corps à la citoyenneté européenne proclamée est-elle un handicap insurmontable ? N'est-ce pas la marque de l'Europe que d'être toujours ouverte aux débats, comme si rien n'était jamais donné ? Ne suffirait-il pas de cette prise de conscience pour mieux entendre et mieux comprendre toute la richesse de ce perpétuel inachèvement, des potentialités extraordinaires qu'il contient, de notre erreur finalement de raisonner dans une référence temporelle trop étroite et avec les codes des États.

L'Europe qui invente et oblige à inventer, pourrait ainsi être pour le citoyen le vecteur du passage de la « morale civique » proclamée à l'« éthique sociale » recherchée.

La réflexion sur la citoyenneté européenne se construit autour de trois grands axes : les approches, les vecteurs et les enjeux de celle-ci, et se justifie par une approche résolument dynamique. En effet, dans une telle perspective, nous avons souhaité partir des soubassements qui, pour la citoyenneté européenne, sont donnés par le droit, dont on peut néanmoins interroger la substance sociale, afin de réfléchir aux enjeux et aux perspectives, tout en passant nécessairement par l'étude des principaux vecteurs utilisés pour déployer la citoyenneté.

La distribution dans cette matrice un peu facile des différents axes de réflexions disciplinaires peut être néanmoins discutée, car toute réflexion sur la citoyenneté n'est ni univoque ni définitive, montrant ainsi que le citoyen européen ne se laisse décidément pas enfermer ni dans une institution européenne, ni dans un plan, ni dans une discipline, ni dans une quelconque Fatalité.

Sylvaine Poillot-Peruzzetto

Bertrand Vayssière

AVANT-PROPOS

Les approches de la citoyenneté européenne

Marc BLANQUET

Professeur à l'Université Toulouse 1 Capitole
Directeur de l'Institut de recherche
en droit européen, international et comparé
Directeur du Master droit européen
Chaire Jean Monnet

S'agissant de l'intégration européenne, il est des mots qui font peur : constitution, loi, ministre, État, etc. Certains ont effrayé quelque temps, mais ont réussi à s'imposer (« Parlement » à partir de l'Acte unique alors que le traité de Rome ne prévoyait, de manière moins « signifiante » politiquement, qu'une « Assemblée »).

Dès lors peut-on considérer que la consécration d'une « citoyenneté » européenne constitue une des atteintes les plus importantes à cette ambiance générale de pudibonderie terminologique...

La placc dc l'individu vis-à-vis du droit de l'Union européenne a toujours été particulière. Il n'est que de se rappeler les considérants de l'arrêt *Vand Gend en Loos* dont on va fêter les 50 ans bientôt et qui démontraient en multipliant les arguments que le « rapport aux personnes privées » n'est fondamentalement pas le même pour le droit international et pour le droit communautaire. Quand celui-là reste essentiellement un droit des relations interétatiques, ne concernant directement les particuliers que de façon exceptionnelle, celui-ci a vocation, naturellement, à créer directement des droits pour ces particuliers, lesquels constituent des sujets du nouvel ordre juridique créé par les traités communautaires.

Pour autant, la manière dont le droit de l'intégration européenne a appréhendé les particuliers a suivi les étapes de la méthode fonctionnaliste. Ce sont donc d'abord les « travailleurs », les « prestataires de service » qui ont bénéficié de tel ou tel régime ; autrement dit, seule la fonction économique importait. Une première étape a consisté à se préoccuper des questions de protection sociale, de droits sociaux (non par quelque humanisme que ce soit au départ mais parce qu'il s'agissait là des principaux obstacles à la mobilité), la mécanique naturelle de telles négociations conduisant presque inconsciemment à développer une nouvelle approche, prenant en compte « l'individu » dans des dimensions non strictement économiques (souci de rapprochement d'un conjoint par exemple). La citoyenneté correspond ici au passage de la vision uniquement ou principalement économique à une approche franchement politique et ce n'est pas un hasard si cela s'est fait en 1992, lorsque la Communauté économique européenne est devenue la Communauté européenne... Cette citoyenneté n'est pas un « gadget » puisque de vrais droits politiques lui sont associés.

La dernière évolution, depuis l'arrêt *Grzelczyk* du 20 septembre 2001, consiste à marteler que « le statut de citoyen de l'Union a vocation à être le statut fondamental des ressortissants des États membres ». Nous sommes encore dans une période charnière dans laquelle le juge jongle entre ce statut et ceux (« travailleur », etc.) liés à l'activité économique mais dans l'aboutissement de cette vocation réside sans doute l'un des enjeux majeurs pour l'avenir de l'intégration européenne.

Pour une éthique de la citoyenneté européenne

Bruno STEINMANN

Magistrat

I. Le citoyen à travers son concept

A. *Impressions sur le citoyen européen*

Le citoyen européen n'a pas plus d'étoffe que les quelques textes qui s'y réfèrent ; incantatoires, méconnus, pales doublure des droits nationaux dont ils sont une vaine et inachevée tentative de décalque, le terme est sans vécu, né moribond, pauvre petite chose... L'actuelle citoyenneté européenne, dans son approche textuelle et technocratique, manque de terre à ses souliers : on est citoyen de quelque part, de France, d'Allemagne, etc. On a une géographie, une histoire, un esprit, etc. qui nourrissent la citoyenneté ; l'Europe ne s'est pas (encore ?) suffisamment imposée comme un « quelque part » qui a du sens où l'on se reconnaît, qui compte assez pour qu'un européen puisse se dire « citoyen d'Europe ».

En l'état, peut-être la citoyenneté européenne produira-t-elle des effets juridiques à l'occasion de contentieux dont pourront tirer parti ceux qui ne se sentent citoyens européens qu'au moment de profiter d'un quelconque avantage financier ; rien de plus, elle ne sera pas invoquée, ressentie, prise comme l'habit de lumière que chacun se plaît à endosser quand son devoir l'exige.

Quand deux européens se rencontrent, l'un venant, par exemple, du nord de l'Europe, l'autre, du sud, leur vient-il seulement à l'esprit qu'ils sont l'un et l'autre citoyen européen ? Si, pour deviser sur des sujets d'actualité, s'exprimant en anglais, langue obligée dans laquelle « Europe » est un gros mot, ils abordent la question du financement des déficits budgétaires, je doute que, tout citoyen européen qu'il soit, ils trouvent dans leur cœur de citoyen le terrain d'entente qui les fera tomber d'accord sur les principes et les modalités de financement du budget d'un autre pays européen, la Grèce pour ne pas la citer. Ces remarques, que je qualifierai de sens commun, montrent que l'on ne peut s'en tenir à une approche juridico-intuitive de la notion de citoyen européen. Il faut aller chercher le concept et se plier à ce qu'il nous dit ; le faire parler, à tout le moins, essayer.

B. Le concept

La rigueur, dans les sciences dites molles dont la science politique relève, n'interdit pas de mettre à contribution ce que le bon sens commande ; partir d'une conception de la question, le plus clairement présenté qu'il soit donné à celui qui s'y essaie, et en dérouler les implications, avec le plus de rigueur possible ; en somme, faire parler le concept. Nous avons réuni quelques éléments qui peuvent nous aider à le bâtir.

On pourrait reconnaître le concept de citoyen à trois champs :

– l'approche traditionnelle, plus juridique qui pourrait être la suivante : « *est citoyen celui à qui l'État reconnaît les droits et les devoirs qui le constituent comme tel et qui les exerce dans le respect de ses finalités* ». Les prérogatives et devoirs reconnus par le souverain indistinctement à ceux que cette reconnaissance constitue comme citoyen, l'exercice par ceux-ci de ces droits et prérogatives dans le sens des finalités du souverain. Le citoyen étant rattaché au souverain, il est citoyen de celui-ci et de personne d'autre, en ce qu'il ne partage pas ses obligations de citoyen avec un autre souverain (les cas de double citoyenneté n'appellent pas d'observation puisque le sujet concerné se trouvera avec la plénitude de ses droits et obligations vis-à-vis des deux souverains). Il est celui qui s'attache aux règles de son pays, dont on peut même dire qu'il « aime à être en règle ». Il est électeur, contribuable, administré de l'État ou d'une collectivité territoriale, salarié, entrepreneur, consommateur, justiciable, étudiant, victime, etc. Le citoyen est tout cela à la fois :

– son appartenance à un État, identifié à un territoire ; le citoyen est de « *quelque part* » ; le citoyen ne peut se concevoir comme la créature de l'État ; son exigence à son égard, l'actualité le montre quotidiennement, oblige à tenir pour obsolète une telle définition. En même temps, on ne peut dire que l'État a laissé un champ libre où une nouvelle démocratie voulue et animée par le seul citoyen trouverait à s'exprimer. L'État et le citoyen dialoguent et parlent assez facilement la même langue ; le citoyen peut se reconnaître dans les actions publiques, les questions de la vie sociale sont au cœur de son action ;

– il est une autre citoyenneté, celle qui ne se décrète pas. Celle qui pense autant à ses droits qu'à ses devoirs, celle qui nourrit la démocratie et, même, la fait avancer. De cette citoyenneté-là, on peut tirer une autre approche de la notion de citoyen, dont le substrat juridique demeure, mais dont il n'est plus la seule composante. Une telle approche incite à se poser la question de la réalité du citoyen puisque la seule définition juridique ne suffit plus à le caractériser. J'entends par réalité ce que recouvre en fait ce citoyen. Le concept de citoyen ne peut se détacher de cette réalité, il doit en faire sa substance. Il sera celui qui porte en même temps qu'il est porté. Si cette dialectique du concept et de cette réalité vient à manquer, il perd de sa vérité, de son caractère opératoire.

C. Le dynamisme du concept

Le concept emprunte à ceux de démocratie, nation, patrie nombre de leurs composantes qui ne suffisent cependant pas à en épuiser le contenu ; il est animé d'une dynamique interne, d'un rythme immanent, qui livre son histoire et donne des pistes sur son avenir.

Ce concept est relatif : relatif à un État, à un territoire, à un corpus de règles. Sans approfondir cette question, on en voit sans difficulté les implications : si les concepts que je qualifierai de majeurs viennent à évoluer, ce ne sera pas sans incidence sur celui de citoyen. Cette thématique du citoyen qui dépasse l'État, qui se fait sans lui, est séduisante en ce qu'elle lui redonne la vertu essentielle d'être au cœur du fonctionnement de la démocratie ; on peut cependant se poser la question du caractère encore très traditionnel et faux de cette approche. En effet, elle est sous-tendue par l'idée que l'État est une sorte de monstre froid, qui a manipulé dans son intérêt le citoyen mais qui aujourd'hui serait rattrapé par ses exigences et qui ne se satisferait plus de la part trop congrue qui lui était octroyée ; mais l'État aussi a évolué, il se fait toujours plus démocratique et il ne faut pas sous-estimer les valeurs que porte cette évolution.

La définition donnée, très juridique, pose précisément la question de savoir si l'État est légitime pour décréter qui est ou n'est pas citoyen ; cela relève de sa souveraineté, certes ; mais si le citoyen n'a d'existence qu'en tant que créature de l'État, n'est-on pas confronté à un appauvrissement de ce que l'on entend aujourd'hui par citoyen ? Autre insuffisance de cette seule définition : elle condamne d'emblée la possibilité même d'un citoyen européen puisqu'il n'y pas d'État européen. Enfin, elle est contraignante puisqu'elle enserre le citoyen dans un rôle plus ou moins subordonné et ne permet pas d'attendre de lui des changements sociaux significatifs. Or, aujourd'hui, n'y a-t-il pas des changements qui mettent en cause une certaine organisation de l'État et dont on peut pourtant dire qu'ils sont portés par des citoyens ? J'irai même plus loin : ne faut-il pas faire confiance aux citoyens pour porter les évolutions nécessaires qui bouleversent son fonctionnement ? Aujourd'hui, nous en sommes à un stade où le concept englobe nombre de comportements, encore inimaginables il y a 50 ans ; ne parle-t-on pas d'entreprises citoyennes, voire de produits citoyens, à ce point que des actions sont qualifiées de citoyennes.

D. Le délitement du concept de citoyen

Le concept perd ses références, celles qu'on lui connaissait ; dans le modèle traditionnel, la citoyenneté lui renvoie une image trouble, incertaine : le citoyen est celui qui consent à l'impôt ; peut-il aujourd'hui y consentir alors qu'il sait que son impôt sert d'abord à payer la charge de la dette ? Peut-il pour autant y renoncer ? Que demande la citoyenneté ? que peut-elle répondre de juste et fort, lorsque plusieurs de ses composantes sont en crise : une trop faible participation au fonctionnement de la démocratie, une connotation parfois préoccupante autour de l'idée de nation, une patrie dont le terme manque de reconnaissance. Faut-il réclamer un attachement aveugle ? Une remise en cause des fondamentaux ?

Dans cette évolution, le concept perd aussi l'aspect duel qu'il a eu ; le citoyen trouve ses marques en dehors de l'État, du territoire, du corpus de règles. Tout le pousse à prendre ailleurs ses repères. Les enjeux économiques, écologiques et donc politiques, transcendent le cadre national. L'État n'est plus l'alpha et l'oméga du pouvoir. Je dirais que le citoyen pousse l'État en dehors du concept défini plus haut, et qu'il cherche ailleurs son souverain. Après avoir été la chose des nouveaux acteurs de la démocratie et occupé la place majeure, il a pris son propre envol pour s'enrichir au rythme des rapports qu'il a entretenus avec un État, le territoire, la matière du droit. Il ne peut plus satisfaire l'exigence de supranationalité imposée par notre monde systémique et s'y reconnaître : supranationalité économique, budgétaire, de la communication, des transports, de l'énergie, de la solidarité entre les hommes, etc.

Ainsi, un faux citoyen peut se cacher derrière une modernité dans l'attitude, dans un logos critique à l'égard citoyen traditionnel ; mais l'inverse est aussi vrai : une revendication de citoyenneté traditionnelle peut dissimuler un engagement sans avenir ; il est aussi un troisième cas de figure : un discours contradictoire, où les références sont incertaines, mais qui renvoie à un concept en formation.

Pour faire image, je dirais que les liens entre État et citoyen sont de l'ordre du contrat précaire du côté du citoyen, et du doute permanent du côté de l'État. Cette situation est probablement la marque d'une évolution de l'un et l'autre, où rien n'est figé.

II. Un euro citoyen ?

L'euro citoyen est là ; l'idée européenne sommeille chez les européens ; c'est une conviction ; mais il faut pour la déceler, la dévoiler, avancer avec prudence, sans idée préconçue sur ce qu'elle est ou devrait être.

A. Les partis politiques n'aident pas

Pourquoi, après un demi-siècle d'incantation pour une « *Europe plus forte, plus unie* », on en est à ce point qui ressemble à s'y méprendre à celui qui servait à lancer l'Europe ; certes le changement de format, qui pratiquement signifie chaque fois la survenance des difficultés que l'on connaissait dès le début, n'est pas pour faciliter les choses ; mais si l'on avait trouvé la clef dès les débuts, on aurait su comment faire avec les nouveaux venus.

La pusillanimité des politiques qui, pour la plupart, appellent de leurs vœux une Europe renforcée, mais dans l'action considèrent ses institutions comme une puissance étrangère et la traitent comme telle ; l'Europe est un paradigme du double discours : « *je suis pour ses avancées mais contre son action* » ; mais ce discours, avec celui de plus en plus fort du rejet de l'Europe, est le seul que nos concitoyens soient prêts à entendre. Donc une faute partagée, des politiques et de ceux qui les élisent.

Peut-être plus grave mais complémentaire de la façon dont elle est comprise, les politiques se positionnent sur l'Europe en termes d'avantages ; l'Europe ne vaut la peine d'être vécue que pour autant qu'elle apporte « un plus » économique ou social à ses habitants ; il est sous-entendu qu'on serait mieux entre nationaux, mais que les besoins du progrès économique valent bien quelques concessions à l'idée européenne ; oubliant qu'elle avait d'abord pour vocation à unir des pays qui sortaient de deux guerres ravageuses, l'Europe n'a été admise que pour la prospérité qu'elle ne manquerait pas d'apporter ; est-ce avec de telles ambitions que l'on suscite de la citoyenneté ? une telle conception subordonne aujourd'hui le bien-fondé de l'Europe à sa performance économique et sociale ; elle l'expose aux contrecoups des contre-performances, fait dépendre l'idée d'Europe d'indicateurs dont ne sait ce qu'ils auraient été sans l'Europe et, surtout, ramène une idée politique sur un terrain où elle n'est pas armée pour se défendre. Encore une responsabilité des politiques, dont la faute est de répéter le discours le plus admissible pour leur concitoyen, dans les années 1960.

Venant enfoncer l'idée dans cette ornière, le travail de l'Europe et de ses institutions porte prioritairement sur l'organisation des marchés, confortant le discours des politiques du plus économique et social ; et dans le même temps, l'Europe politique, dans ses institutions, dans sa pratique, dans ses représentants, est devenue ce que l'on sait : rien.

Trouver dans ce contexte l'ombre d'un citoyen qui se dise Européen relèverait du miracle ! On ne peut s'étonner alors que la production textuelle européenne, forcement complexe, ne trouve pas l'appui du citoyen « lambda » et que les déçus de l'Europe, que l'on fabrique à une échelle industrielle, prêtent une oreille complaisante à ceux qui, jouant sur les mots, ramènent l'idée européenne aux marchés et ses parfois cyniques bénéfices, sa législation à un incompréhensible corpus technocratique et ses élus à de malins profiteurs.

B. Des repères

Pour repérer les traces de ce qui pourrait être un euro citoyen, je propose d'avancer par l'empathie, la perception de l'idée que l'on s'en fait et la logique.

L'empathie : le critère de citoyenneté se reconnaît à un tout simple indicateur : lorsque celui qui la revendique défend ses intérêts, il évolue dans un champ de valeurs compris de ses concitoyens ; qu'il soit radical ou modéré, son argumentation est faite de références qui sont comprises même si elles ne sont pas partagées ; ces valeurs revendiquent un passé, une vision de l'avenir qui se concrétisent dans des droits et devoirs ; tout n'est pas explicitement exprimé, mais tout est sous-jacent ; en somme, entre concitoyens, « on se comprend » ; même le discours « communautariste » inclut le plus souvent de larges plages d'entente ; trop radical, il devient inaudible et ne s'exprimera plus, sinon en milieu confiné et/ou par la violence.

La perception : quel est, aujourd'hui, en Europe, le moment où beaucoup sont dans un moment d'échange avec un relatif partage de valeurs ; on ose à peine le dire, mais le concours de chanson « Eurovision » me paraît être le seul (faut-il ajouter l'euro foot ?) ; la musique et le spectacle, des textes que l'on imagine aussi généreux qu'insipides ; tout est gommé, le passé et l'avenir, assez sirupeux pour plaire au plus grand nombre et un jury soucieux de consensus ; il s'agirait d'une manifestation parmi d'autres, on n'y verrait pas grand-chose à redire sinon à espérer à mesure des années que l'on entre dans le registre de la qualité, mais étant la seule, il y a lieu de s'inquiéter sur ce que signifie cette minable et unique occurrence d'une Europe consensuelle ; on observera qu'elle est très suivie, que chaque pays aimerait y briller, et surtout qu'il est fait appel à des messages qui ne peuvent susciter de contradictions de raison : l'image en forme de feu d'artifice, la musique de la nature de celle que l'on apprécie dans les foires ou les supermarchés. Donc, pas d'appel aux débats ; signe de son impossibilité, et pas d'appel au dialogue, direct ou non, entre concitoyens. Le caractère unique d'une manifestation réunissant les européens, et sa platitude, à la fois imposée et voulue, signent l'échec d'un dialogue entre européens. Mais son succès empêche de désespérer d'un avenir meilleur ; et si l'acte de naissance du citoyen européen passe par une révolution culturelle, on conviendra que le chemin est inattendu…

La perception encore : on reproche à l'Europe un certain attentisme en matière de défense et de politique étrangère ; mais quelle est, sur ces questions, la position des citoyens européens qui ont connu plusieurs guerres dévastatrices ; ne sont-ils pas à la fois pacifistes avec une tendance à la neutralité ?

La perception enfin : le passé et la géographie de l'Europe ne sont pas un obstacle à la construction d'un citoyen européen ; on ne peut dire que l'Europe n'a pas d'histoire ; il faut la lire à l'aune de l'idée européenne ; sa géographie présente une relative unité et, au demeurant, sa superficie est comparable à celle d'autres pays où citoyen veut dire quelque chose.

La logique : le fond de l'idée européenne est la raison ; c'est à la fois son acte de naissance et sa passion ; la logique des politiques économiques et sociales est-elle de nature à créer de la citoyenneté ; oui, si elles ne sont pas frontales avec les intérêts immédiats, si elles sont conçues et expliquées dans des schémas où la raison l'emporte…

La logique encore : le citoyen est d'abord celui qui consent à l'impôt ; si l'impôt sert à payer la dette, et si le citoyen ne veut pas la payer, il ne consent plus à l'impôt ; voilà un beau facteur de décalage entre le couple État/politique et le citoyen ; voilà un beau défi pour la raison à relever, car cette raison n'est pas toujours accessible, mais reste naturellement réfractaire à l'obscurantisme et l'occultation.

C. Des basculements

Ces outils nous signalent des basculements qui s'opèrent dans le cadre familier de notre concept et de son triptyque : État/territoire, corpus de règles, citoyenneté.

Ces nouveaux droits que l'Europe crée chaque jour impliquent une femme, un homme, ou un enfant, en somme un ego, ce que les juristes oublient ou mettent de côté, car globalement inutiles pour la présentation du cas ou de la solution que l'on attend d'eux. Or cette femme, cet homme, ou cet enfant, sont bien vivants, bien là, faits de chair et d'idées. Ces statuts qu'on leur sert, ils se les approprient, comme tels, c'est-à-dire comme une idée, laquelle se trouvera naturellement confrontée à une autre idée, celle qu'ils se font d'eux-mêmes. Cette construction se fait dans une dynamique, celle d'un ego qui trouvera dans la citoyenneté ainsi comprise les matériaux pour se fabriquer. Pas seulement dans la citoyenneté, bien sûr, mais elle en sera à la fois l'aboutissement et le catalyseur. Cet ego aura trouvé dans la citoyenneté un habit qui lui convient plus ou moins, où il se sent plus ou moins à l'aise. Étriqué, il cherchera de nouveau ; trop large, il pourra l'abandonner ; peu à son goût, il ne le portera qu'en de rares occasions ; sans oublier celui qui, hostile à ce vêtement, ne le mettra que pour faire bonne figure dans les moments où l'on attend qu'il le porte. C'est dire que le citoyen narcissique côtoiera celui qui restera dans le symbole, le conflit ou la perpétuelle interrogation.

L'idée de citoyen européen varie entre deux extrêmes. Dans l'instant, elle est faite de l'accomplissement des devoirs, sans espace pour justifier une défaillance, celle de l'absence dans les bureaux de votes, par exemple. Mais l'idée de citoyen s'étend aussi sur durée longue et laisse une place importante à l'improvisation de notre sujet. Dans la durée, l'idée de citoyen se nourrit de notre histoire, telle qu'elle est plus ou moins entendue, plus encore de notre culture voire même de l'appel à l'esprit d'une nation ; autant de notions que personne ne se risquerait à faire entrer dans un statut juridique, aussi ambitieux soit-il. Dans ce vaste marché, notre sujet fera son choix, se forgeant une idée bien à lui du citoyen.

L'attente des européens est plus grande que ce que les États sont en mesure de leur servir ; engoncés dans leurs rigidités et leurs contraintes budgétaires, les États espèrent que les citoyens sauront suppléer à leur carence ; la vivacité du tissu associatif est là pour en témoigner ; les États les financent, timidement, sans être en mesure d'exercer un réel contrôle ; dans ce registre, les citoyens sont en avance sur ce que peuvent faire les initiatives publiques ; voilà encore un signe du citoyen européen.

Notre européen évoluera ainsi comme un citoyen dont la citoyenneté est un véritable attribut qui nous donne les clefs pour le comprendre ; ou une sorte de placage, dans lequel on cherche à le comprendre mais sans l'atteindre vraiment. La citoyenneté peut ainsi être un attribut du sujet ; elle est sa pâte ; elle peut être un mode du sujet et à ce titre, la citoyenneté est une clef qui n'ouvre pas la porte du sujet mais donne des explications sur tel ou tel comportement collectif. Profond et dur à fabriquer, plaqué et aisément remplaçable. Voilà comment l'on pourrait approcher le citoyen de l'Europe.

Faire apparaître de véritables citoyens européens n'est donc pas une gageure ; il faut remettre les choses à leur place, dans la droite ligne de l'idée européenne.

Cette idée bafouée, évoluant dans un champ d'expérience qui ne lui correspond pas au point même de la rebuter, elle ne peut prospérer. Elle appelle des actions simples.

D. Des actions

Je vois plusieurs orientations pour rabattre le trop grand nombre d'idées reçues sur cette citoyenneté européenne.

L'idée européenne demeure encombrée de vécus qui ne lui appartiennent pas : nos guerres sont sûrement celles dont la présence dans les mémoires dérange le plus. Et fêter, chaque année avec ferveur, nos victoires, ne contribue pas à mettre ces terribles épisodes dans la place qui doit être la leur si l'idée de l'Europe nous habite. Si cette idée est juste, alors ces guerres, pour monstrueuses qu'elles aient été, seraient des guerres fratricides et doivent être conceptualisées comme telles, sans omettre la folie qui les a portées.

L'expérience de l'idée doit être en phase avec une chose qui lui corresponde, lui permette de se déployer ; elle doit rencontrer non pas des exposés sur le marché unique et ses diverses réglementations mais bien ce qui la renforce : un débat politique sur les institutions, sur les valeurs et l'avenir.

L'apprenti citoyen doit avoir une image qui le construise dans cette perspective. Il ne peut trouver sa voie dans une image dépassée de citoyen auto-complaisant qui borne sa citoyenneté à l'imitation des combats des anciens ressemblant à de vieilles postures aujourd'hui dénuées de sens. La citoyenneté européenne est exigeante ; elle ne se satisfera pas des schémas passés.

Les politiques élus au Parlement sont élus pour porter l'idée européenne ; ils ne peuvent être dans les lignes des élus nationaux pour qui l'Europe et ses institutions sont abordées comme un pays tiers. Ces élus ne peuvent qu'être de partis européens réunissant sur une même liste des candidats de différents pays.

En se construisant, le citoyen européen rendra ses élus plus exigeants ; le politique fabrique du citoyen, mais l'inverse est aussi vrai !

En définitive, je crois aussi qu'il faut aider à dissiper les doutes et les trop nombreuses zones d'ombre qui entourent la notion de citoyenneté européenne ; pour passer d'une morale civique européenne qui, faute peut-être de contenu, a naturellement du mal à s'imposer, pour renforcer une dynamique encore fragile, il faut ouvrir et éclairer le champ des possibles : une éthique du citoyen européen doit être réfléchie, débattue, activée, organisée, prônée ; du travail reste à faire…

Les thèmes développés aujourd'hui viendront illustrer, renforcer ou combattre ces quelques idées ; mais je suis sûr qu'ils contribueront à mettre le débat sur la bonne voie.

La citoyenneté européenne comme rôle social

Représentations, pratiques et sentiments

Julien WEISBEIN

Maître de conférences de science politique, Sciences-Po Toulouse/LaSSP

La citoyenneté reste un objet malgré tout difficile à saisir pour un chercheur en science politique. Parfois critiqué pour son formalisme, souvent célébré comme un idéal à atteindre, débordant désormais l'espace politique démocratique qui l'a vu naître pour infuser dans d'autres espaces sociaux et rendre compte d'autres types de comportement (ainsi entend-on parler de « citoyenneté d'entreprise » par exemple), ce statut n'en reste pas moins un point de passage obligé pour toute réflexion sur les activités politiques, au sens où il règle l'inclusion et l'exclusion des individus à la communauté politique[1]. Fondamentalement, on peut définir la citoyenneté par les différents « étages » qui la composent : comme *l'accréditation statutaire dans la communauté politique*, au fondement de l'obligation politique (car cette appartenance génère des droits et des devoirs vis-à-vis de l'État) ; *qui peut être justifiée selon plusieurs critères* (la descendance, la résidence, le territoire, le consentement, l'activité politique, etc.) ; *et qui s'accompagne de la définition d'un rôle social* (caractérisé par une gamme de comportements et de valeurs). Cette définition large a le mérite de synthétiser les caractéristiques fondamentales de la citoyenneté : celle de *statut juridique* (une étiquette et donc un principe d'inclusion ou d'exclusion), celle de *structure normative de comportements* (un idéal) et celle de *rôle social* (une fonction)[2]. Elle dresse également un agenda scientifique clair en attribuant chacun de ces aspects à une discipline scientifique bien pré-

1 Pour une synthèse, voir Fred Constant, *La citoyenneté*, Paris, Montchrestien, 1998.

2 Jean Leca, « Questions sur la citoyenneté », *Projet*, 171-172, janvier-février 1983, p. 113-125.

cise (respectivement, le droit, la théorie politique et la sociologie politique)[3].

Même chargé d'un périmètre plus restreint et opérationalisable, celui de rôle social, le sociologue du politique n'en reste pas moins troublé devant la citoyenneté européenne. Du point de vue des fonctions traditionnellement attribuées à la citoyenneté moderne (identification affective, intégration sociale, participation politique) le bilan apparaît en effet bien limité avec le statut ouvert par le Traité de Maastricht de 1992 : une profondeur historique inexistante ; des droits modestes par rapport à ceux qui caractérisent les citoyennetés nationales et qui, surtout, ne s'exercent qu'au-delà des frontières nationales ; l'absence d'adossement à des symboles ou à un grand récit ; une dimension identitaire presque nulle ; et même une très faible densité idéologique ou polémique. Dans ces conditions, il a bien du mal à y voir autre chose qu'un artefact, une identité construite et prescrite d'en haut, à défaut d'être vécue et expérimentée.

On verra toutefois que si ce constat est, pour une large part, vrai (I) et que la citoyenneté européenne demeure encore largement un objet à construire (II), certains traits encore timides font signe vers l'émergence d'un modèle particulier de rôle social, davantage expérimenté dans la mobilité que dans la participation politique et producteur de nouvelles formes élitaires de sociabilités (III).

I. La citoyenneté européenne : un rôle social introuvable

La citoyenneté comme rôle social est prescripteur de normes morales et de sentiments d'appartenance qui s'actualisent dans certains comportements, le vote mais aussi la recherche d'informations politiques ou le militantisme. De ce point de vue, les enquêtes statistiques ou qualitatives disponibles concluent à l'inconsistance sociologique de ce nouveau rôle social de citoyen(ne) européen(ne), peu connu et donc très peu pratiqué, ne procurant qu'un principe d'identification bien flou et ne s'accompagnant d'aucun sentiment positif – et ce, d'autant plus que la mise en œuvre concrète des droits conférés aux citoyens de l'Union renvoie toujours à des pratiques hésitantes, incertaines, voire

---

[3] Avec beaucoup d'humour, Sylvie Strudel compare ce panorama tripartite appliqué à la citoyenneté européenne, entre droit, théorie politique et sociologie politique, à « une sorte de monstre (même si ce n'est qu'un petit monstre) aux formes disproportionnées et aux contours imprécis. Monstre aux formes disproportionnées […], car combinant un cerveau atteint d'éléphantiasis, un tronc obèse et des membres rachitiques » (Sylvie Strudel, « Citoyennetés », in Céline Bélot, Paul Magnette, Sabine Saurugger, dir., *Science politique de l'Union européenne*, Paris, Economica, 2008, p. 175).

d'évitement[4]. Par exemple, un Eurobaromètre « flash » réalisé en 2010 sur la citoyenneté européenne montre que seulement 43 % des personnes interrogées donnent un sens minimal à ce statut et que seules 32 % d'entre elles se sentent informées à son égard. Au-delà de ce constat rapide, on s'attardera ici sur deux dimensions de ce qu'implique être un(e) citoyen(ne) européen(ne), c'est-à-dire sujet politique de l'Union européenne : s'y impliquer politiquement ; et s'y investir émotionnellement.

A. Une citoyenneté politique ?

La participation politique est la clé d'entrée la plus attendue et la plus facile à saisir pour appréhender cette citoyenneté européenne au concret puisque nous disposons, en la matière, de travaux très nombreux et de données très riches. Les citoyens européens peuvent en effet participer à la vie de l'UE indirectement à travers le Conseil (puisqu'ils ont élu les chefs d'État ou de gouvernement) et directement à travers le Parlement puisqu'ils en élisent depuis 1979 les membres sur des mandats supposément européens[5]. Or il s'avère que sur le premier point, la démocratie continue à s'enraciner et à s'expérimenter dans les espaces nationaux, selon des logiques et des enjeux qui leur sont propres : les vies politiques nationales restent en effet essentiellement organisées par les partis politiques nationaux qui tendent à occulter la question de l'UE, jugée trop sensible pour leur cohérence interne et peu relayée par des médias qui la juge peu vendable ; et que sur le second point, le bilan reste loin d'être conforme aux attendus démocratiques : d'une part, le taux d'abstention aux élections européennes ne cesse de croître et atteint en moyenne 60 % ; d'autre part, ces scrutins sont souvent détournés de leur dimension européenne pour être organisés et perçus selon des enjeux strictement nationaux[6].

Le jeu politique national est d'autant plus structurant que les attitudes des citoyens à l'égard de l'Europe restent peu consistantes. Celle-ci demeure à leurs yeux une « bien aimée mal connue », une réalité lointaine et floue, vécue plutôt positivement dans son principe mais

---

4 Voir par exemple « Pratiques de la citoyenneté européenne », *Revue internationale de politique comparée*, vol. 9, n° 1, 2002 ; pour une synthèse : Frédéric Mérand, Julien Weisbein, *Introduction à l'Union européenne. Sociétés, politique et institutions*, Bruxelles, De Boeck, 2011, p. 199-231.

5 Il s'agit bien sûr de ne pas oublier des droits de participation indirecte comme la saisine du médiateur européen et le droit de pétition. Mais là aussi, le bilan est plutôt limité : le médiateur a instruit seulement 3 406 plaintes en 2008, 3 098 en 2009, 2 667 en 2010 et 2 510 en 2011.

6 Au sein d'une littérature grandissante sur la vie politique européenne, on se contentera de conseiller Céline Bélot, Bruno Cautrès, dir., *La vie démocratique de l'Union européenne*, Paris, La documentation Française, 2006.

suscitant davantage de réserves, voire de craintes, sur le détail. Depuis les années 1960, l'opinion publique a connu une évolution notable, passant d'un acquiescement de façade à une défiance de plus en plus grande. Entre les années 1960 et 1990, on parle de consensus permissif pour rendre compte de la façon dont les citoyens perçoivent et évaluent le processus de construction européenne : s'ils sont majoritairement d'accord avec le principe d'intégration, ils en délèguent les modalités aux élites, jugeant la question trop complexe. À partir du Traité de Maastricht, ratifié en 1992 dans la difficulté en France (51 % de oui) et refusé au Danemark, ce consensus semble se briser, des craintes se cristallisent et les opinions des citoyens à l'égard de l'Europe s'avèrent désormais plus complexes : si le niveau de soutien exprimé en faveur du processus d'intégration reste majoritaire dans les années 2000, il évolue généralement à la baisse, traduisant la montée d'une défiance à l'égard de l'Europe laquelle se polarise sur quelques événements saillants (guerre du Kosovo, crise de la vache folle, scandales sanitaires ultérieurs, Traité constitutionnel en 2005, etc.) et se fixent sur certaines figures repoussoirs (le « bureaucrate bruxellois », le « plombier polonais », etc.).

Au-delà de ce portrait général, de nombreuses enquêtes permettent d'évaluer la consistance et l'architecture sociologique du sentiment européen. Les données Eurobaromètres nous en fournissent une cartographie utile qui permet d'en voir les principales logiques. Au niveau national, qui reste le plus prédictif des opinions à l'égard de l'UE, le processus d'intégration trouve le plus de partisans au sein des États anciennement intégrés à l'Europe institutionnelle ou l'ayant fait dans des contextes politiques favorables (le taux d'adhésion dépasse ainsi les 60 % au Luxembourg, en Allemagne, aux Pays-Bas ou en Espagne) ; à l'inverse, il suscite moins de soutiens populaires au sein de pays ayant rejoint plus tardivement l'UE ou l'ayant fait dans des conditions défavorables (comme en Hongrie, en Autriche ou au Royaume-Uni où il est en deçà de 40 %). Au niveau individuel, l'europhilie est le fait de catégories diplômées, aisées, occupant des emplois qualifiés ou à haute responsabilité et intéressées à la chose politique ; à l'inverse, l'euroscepticisme se retrouve plutôt dans les catégories populaires, peu diplômées, employées dans des secteurs ou des professions peu valorisées et peu politisées. D'un point de vue plus idéologique, l'Europe suscite l'opposition aux extrêmes ou en dehors de l'échiquier politique tandis qu'elle est acceptée à la fois à gauche et à droite. Ces différentes variables sociologiques et politiques traduisent plus généralement le degré de confiance en l'avenir des individus et ce que les sociologues appellent leur « propriété de soi » (c'est-à-dire l'aptitude à maîtriser son destin) qui façonne en profondeur les représentations qu'ils se font de l'UE. Celle-ci est jugée menaçante si les personnes éprouvent des difficultés à se projeter dans le futur parce qu'ils ne détiennent pas les ressources sociales (diplômes, salaires, réseaux, etc.) nécessaires à l'entretien de la confiance. A contrario, l'Europe devient une opportunité professionnelle et humaine pour ceux qui disposent des cartes pour la comprendre et s'y inscrire.

B. Plus vraiment des étrangers, pas encore des concitoyens

Ce soubassement des attitudes en faveur de l'intégration européenne, celle-ci n'étant évaluée qu'à partir d'une expérience individuelle, à la fois singulière et inscrite dans des régularités sociales, montre bien que la question formelle de la citoyenneté de l'Union engage en fait des ressorts plus profonds, que les Eurobaromètres peinent à saisir et qui nécessitent alors des enquêtes plus qualitatives. L'« identité européenne » n'est dès lors plus un concept de science-fiction et a permis d'ouvrir un chantier de recherche de plus en plus exploré en science politique dès les années 2000[7]. Cette question de l'identification et des sentiments, que la sociologie politique désigne avec le terme de communalisation emprunté à Max Weber, est en effet fondamentale pour cerner l'apparition d'une communauté citoyenne, d'un *demos* européen, c'est-à-dire d'un peuple ayant pris conscience de lui-même, de sa force et de sa cohérence à l'échelle continentale. Le citoyen européen est en effet, verticalement, le sujet d'une communauté politique constituée d'institutions et de règles ; il appartient surtout, horizontalement, à une communauté humaine constitutive d'un « nous » élargi. Que l'on pense d'ailleurs à la phrase attribuée à Jean Monnet : « *Nous ne coalisons pas des États, nous unissons des hommes* ».

Or en tant que support d'appartenance à un ensemble humain, où valeurs et sentiments appuient la connaissance rationnelle de la vie politique et où les autres sont des concitoyens et non plus des étrangers, il reste à constater que pour l'heure, l'Union coalise seulement des États. Les enquêtes Eurobaromètres montrent que l'extension de la confiance entre Européens (avec, qui plus est, des différences nationales en fonction de la proximité géographique et culturelle) ne s'accompagne pas encore de sentiments particuliers de sympathie. On ne trouve ainsi la trace d'un sentiment de fraternité, d'empathie, de communauté, d'esprit de corps entre les populations européennes que dans certains espaces sociaux restreints et sur des enjeux singuliers (par exemple, certains sports, l'enseignement supérieur, les jumelages de communes, certains

---

7 Voir par exemple le dossier « L'identité européenne entre science politique et science-fiction », *Politique européenne*, n° 30, 2010.

réseaux de politiques publiques européennes, etc.)[8]. Sans doute en raison d'une carence en symboles et parce que l'UE peine toujours à se représenter comme un « tout » qui puisse solliciter l'allégeance de ses parties[9], l'Europe n'est donc pour l'heure que l'objet d'une évaluation rationnelle et froide, dépolitisée et réservée aux élites ; tandis que les identifications et les sentiments de concitoyenneté restent enchâssés dans les frontières nationales, notamment parce que la socialisation politique des individus reste réalisée dans des systèmes éducatifs nationaux, avec des langues vernaculaires. Cette sorte de division du travail émotionnel, entre des passions nationales et une raison européenne, ne peut que freiner toute communalisation de l'Europe. Cette force des stéréotypes nationaux est même un des condiments essentiels de « l'identité européenne », comme le montrent de nombreuses enquêtes qualitatives, menées à base d'entretiens individuels ou collectifs[10]. Ainsi, les citoyens européens se représentent-ils l'Europe en fonction de cadres d'expérience et de schèmes d'interprétation forgées par l'expérience nationale. Et plus que d'une logique substitutive, par laquelle la référence à l'Europe viendrait supplanter celle à la nation (relation de transfert naguère théorisée par les premières conceptualisations de l'intégration européenne mais aussi par ses promoteurs), il s'agit plutôt d'une lecture cumulative à laquelle nous convient ces travaux : identités européennes, nationales et locales sont ainsi emboîtées, mobilisées différemment selon les situations et selon les enjeux.

II. La citoyenneté européenne comme objet construit

Si le citoyen européen apparaît ainsi plus complexe, il n'en reste pas moins extrêmement flou. D'où la nécessité de déplacer la question de la citoyenneté européenne comme rôle social vers celle de la citoyenneté européenne comme principe de mobilisation. Les sciences sociales conceptualisent d'ailleurs, depuis les travaux de T. H. Marshall[11], la citoyenneté comme une institution essentiellement dynamique, capable de transformer, par le principe égalitaire et par les pressions qu'elle

---

8 Pour quelques analyses sur ce thème novateur, voir le dossier « Amours et désamours entre Européens. Vers une communauté politique de citoyens ? », *Politique européenne*, n° 26, 2008.

9 François Foret, *Légitimer l'Europe. Pouvoir et symbolique à l'ère de la gouvernance*, Paris, Presses de Sciences Po, 2008.

10 Juan Diez Medrano, *Framing Europe : Attitudes to European Integration in Germany, Spain, and the United Kingdom*, Princeton, Princeton University Press, 2010 ; Sophie Duchesne, Élizabeth Frazer, Florence Haegel et Virginie Van Ingegom, *Citizens' reactions to European integration : Overlooking Europe*, Palgrave Macmillan, 2013.

11 T.H. Marshall, *Citizenship and Social Class and Other Essays*, Cambridge, Cambridge University Press, 1950.

impulse, la situation socio-politique dans laquelle elle est placée et de susciter une modification tant des statuts de pouvoir que des allégeances politiques. Cette approche socio-historique[12] de la citoyenneté vise notamment à déterminer selon quels processus historiques et sociaux la citoyenneté s'est développée et s'est institutionnalisée au sein des démocraties occidentales ainsi que les conséquences, sur ces dernières, de ce mouvement d'émergence.

A. La citoyenneté européenne comme emblème ou comme objet ?

Cette posture scientifique, soucieuse de la durée, s'avère donc extrêmement intéressante pour aborder la question du développement possible de la citoyenneté de l'Union[13]. D'abord parce qu'une grosse partie de la littérature scientifique lie fortement le devenir de cette citoyenneté européenne avec les formes institutionnelles que prendra l'UE. On y trouve ainsi un ensemble de labels théoriques censés rendre compte de ce devenir de l'Europe politique impulsé par la citoyenneté instituée en 1992 : C. Closa[14] ou U. K. Preuss[15] conceptualisent ainsi le développement d'une démocratie européenne supranationale (pour le premier), transnationale (pour le second) sur la base du développement possible de la citoyenneté de l'Union. J. Monar estime quant à lui que la citoyenneté de l'Union se développera sur le modèle conceptuel de la citoyenneté duale (*dual citizenship*)[16]. P. Magnette pense également de son côté que la citoyenneté européenne pourra progressivement échapper à ses origines fonctionnelles et à son caractère limité pour s'universaliser et se densifier – mais cela, sans suivre le cheminement historique des citoyennetés nationales[17]. Plus généralement, on lie le développement de la citoyenneté européenne avec l'institutionnalisation d'un

---

12 Yves Déloye, *Sociologie historique du politique*, Paris, La Découverte, 1996.

13 Yves Déloye, « De la citoyenneté stato-nationale à la citoyenneté européenne : quelques éléments de conceptualisation », *Swiss Political Science Review*, 4 (4), 1998, p. 169-194.

14 Carlos Closa « Supranational Citizenship and Democracy : Normative and Empirical Dimensions », in Massimo La Torre, Ed., *European Citizenship. An Institutional Challenge*, The Hague, Kluwer Law International, 1998, p. 415-433.

15 Ulrich K. Preuss, « Citizenship in the EU – a Paradigm for Transnational Democracy ? », Paper presented at the second meeting of the Research Network Transnational Democracy, Cambridge, 28-30 March 1996.

16 Jörg Monar, « A Dual Citizenship in the Making : the Citizenship of the European Union and its Reform », in Massimo La Torre, Ed., *European Citizenship. An Institutional Challenge*, *op. cit.*, p. 167-183.

17 Paul Magnette, « La dynamique de la citoyenneté européenne », in Paul Magnette, dir., *De l'étranger au citoyen. Construire la citoyenneté européenne*, Bruxelles, De Boecke Université, 1997, p. 183-191.

« espace public européen » (de forte coloration habermassienne) et donc la réalisation d'une démocratie européenne, fondée sur une double légitimité : celle des États membres et celle d'un « peuple européen », qui se réaliserait dans une « société civile européenne », et ce sur la base d'un « projet post-national »[18].

Mais parce que le thème de la citoyenneté européenne, assez intimidant au demeurant, fait ainsi appel, par translation, à de telles catégories d'analyse, très générales et qui laissent souvent un peu désabusé le sociologue, davantage soucieux d'enquêtes empiriques et donc de concepts opérationalisables, une autre piste s'impose. Celle-ci vise à analyser la citoyenneté européenne sous l'angle des *usages* et des *investissements de forme* dont elle est l'objet, c'est-à-dire à travers les processus sociaux de mobilisations auxquels elle donne naissance afin d'en définir les contours et le sens[19]. Cette sociologie des normes civiques européenne amène notamment à étudier les mobilisations de certains entrepreneurs politiques particulièrement intéressés au processus d'intégration communautaire, à savoir les associations et les organisations non gouvernementales (ONG) : dans quelles mesures et comment celles-ci peuvent-elles participer à la codification et à la définition du rôle social de « citoyen européen » ? Cette perspective quelque peu décentrée d'analyse de la citoyenneté européenne, considérée non pas comme un objet juridiquement et politiquement stabilisé qui serait dès lors seulement utilisé mais plutôt comme un ensemble de normes encore ouvertes à la controverse, bref comme un possible à *investir*, déplace la question de la citoyenneté européenne vers la notion plus large de « société civile européenne » qui lui sert à la fois de principe de structuration et d'étendard. Agrégat particulièrement hétérogène et instable, cette dernière est en effet un construit social porté dans les années 1990 par quelques réseaux associatifs qui tentent de la définir, concurrentiellement à d'autres délimitations (notamment de la part de grands lobbys économiques), et dont la réussite réside dans la reprise de cette labellisation par certains acteurs institutionnels (comme la Commission, le Comité économique et social ou le Parlement européen). Cette « société civile européenne » serait ainsi constituée de plusieurs formes de mobilisations qui chacune dessine un visage particulier du « citoyen européen ».

18 Voir par exemple, Justine Lacroix, *L'Europe en procès. Quel patriotisme au-delà des nationalismes ?*, Paris, Cerf, 2004.

19 Julien Weisbein, *Construire la citoyenneté européenne. Les mobilisations associatives autour de l'intégration communautaire*, thèse de science politique, Sciences-Po Paris, 2001.

B. Les trois visages de la « société civile européenne »

Des *mobilisations spécialisées* tout d'abord : le lobbying associatif qui se déploie à Bruxelles est particulièrement dense et éclaté. Un ensemble protéiforme et disparate de groupes d'intérêts organisés selon des prismes divers se rassemble en effet depuis les années 1990 autour de cet enjeu citoyen, saisissant donc cette nouvelle citoyenneté européenne de manière très segmentée, selon un objet particulier (la mobilité, la reconnaissance d'identités minoritaires, la défense des consommateurs, etc.). Pour éviter une approche seulement sectorielle de ces mobilisations (consistant dans la collection de diverses monographies et l'établissement, à l'aulne d'une définition préalable de la « société civile » si le puzzle ainsi constitué compose bien une authentique « société civile européenne »), on peut plutôt s'intéresser aux entrepreneurs politiques entendant représenter *toutes* les « associations » à l'échelle européenne, quels que soient leurs objets sociaux ou leurs modalités d'organisation, et ce, autour d'une figure générique du citoyen européen. Sous cet aspect, deux réseaux spécialisés se distinguent au sens où ils se mobilisent à Bruxelles sur une base transversale, c'est-à-dire autour de la forme associative, de son rôle démocratique et de sa spécificité (construite comme étant à l'articulation entre État et marché) : le CEDAG (Comité européen des associations d'intérêt général) et ECAS (Euro Citizens' Action Service). Et à l'*homo europeanus* plutôt abstrait figuré et défendu par le premier s'oppose le porteur de droits concrets, mobile sur un marché du second, opposition semblant dupliquer dans l'ordre des mobilisations un débat théorique scindant conceptions républicaine et libérale de la citoyenneté[20].

La « citoyenneté européenne » se construit en second lieu par des mobilisations *idéologiques* à travers divers entrepreneurs qui investissent fortement cet enjeu pour doter le processus d'intégration européenne d'un sens axiologique révélé par une grille de lecture politique. Ces groupes se rassemblent ici autour de la citoyenneté européenne en tant que principe (et non plus selon certaines de ses dimensions) et portent un projet à la fois institutionnel et éthique pour (re)fonder l'UE. Outre certaines branches, assez dominées, du mouvement altermondialiste (comme les Conférences inter citoyennes) aboutissant à une lecture très « élevée » de la citoyenneté européenne – élevée car rassemblée autour de grands principes, cette modalité de définition de ce qu'est le citoyen européen caractérise pleinement la mobilisation des réseaux fédéralistes (principalement le Mouvement européen et l'Union pour

20 Julien Weisbein, « Le lobbying associatif à Bruxelles entre mobilisations unitaires et sectorielles », *Revue internationale de politique comparée*, vol. 9, n° 1, 2002, p. 79-98.

une Europe fédérale) qui désinvestissent leur ancien thème du « peuple européen » pour celui, plus réaliste, du citoyen de l'Union[21]. Les mouvements fédéralistes voient en effet dans ce thème une opportunité pour faire avancer leur stratégie constitutionnelle, afin de voir établi un cadre politique et fédéral pour la construction européenne – ici, on peut donc lire une conception plutôt institutionnelle de cette citoyenneté européenne, appelée à établir une sorte d'État fédéral de l'Europe selon des ingénieries constitutionnelles précises[22].

Couronnement de ces différentes formes de mobilisations associatives autour de l'enjeu de la citoyenneté, des formes *unitaires* de regroupement des associations en Europe se tissent de plus en plus à la fin des années 1990 – unitaires au sens où cette modalité d'intervention additionne et synthétise les précédentes formes de mobilisation (sectorielles, spécialisées et politiques). À travers l'analyse du groupe le plus précoce et représentatif de cette stratégie, le Forum permanent de la société civile, on peut notamment questionner les processus sociaux d'autodéfinition de la « société civile européenne », notion portée sur les fonts baptismaux à la fois par certains chercheurs comme au sein de certains segments de l'administration communautaire[23]. À cet égard, le Forum permanent de la société civile constitué en 1995 à l'initiative du Mouvement européen international a été le premier réseau à investir la notion (alors plutôt inédite) et à lui proposer une définition ainsi qu'une

21 Bertrand Vayssière, *Vers une Europe fédérale ? Les espoirs et les actions fédéralistes au sortir de la Seconde Guerre mondiale*, PIE Peter Lang, Bruxelles, 2007 ; Julien Weisbein, « Les mouvements fédéralistes ou les entrepreneurs déçus d'une Europe politique (années 1950-années 1990) », in Olivier Baisnée, Romain Pasquier, dir., *L'Europe telle qu'elle se fait. Européanisation et sociétés politiques nationales*, Paris, Éditions du CNRS, 2007, p. 35-54.

22 Parfois, ces grilles de lecture politisées de l'intégration communautaire autour du schème fédéraliste rencontrent des investissements proprement savants autour de l'objet Europe. Les débats indissociablement scientifiques et politiques ayant entouré le projet de Constitution européenne en 2004 ont fourni l'occasion de révéler en quoi militantisme pro-européen et positionnements universitaires pouvaient se rencontrer. Le travail de production d'une expertise constitutionnelle fédéraliste passe en effet par la mobilisation de communautés épistémiques autour de cet enjeu et permet de révéler une configuration caractérisée par une interdépendance marquée entre des arènes académiques nationales, à travers certains professionnels du droit et de la science politique ou certaines institutions scientifiques, et l'arène politique communautaire, à travers certains députés européens ou certains fonctionnaires communautaires (Antonin Cohen, Julien Weisbein, « Laboratoires du constitutionnalisme européen. Expertises académiques et mobilisations politiques dans la promotion de la Constitution européenne », *Droit & Société*, n° 60, 2005, p. 353-371).

23 Julien Weisbein, « Instituer la "société civile européenne" : la contribution des mouvements fédéralistes. L'expérience du Forum permanent de la société civile », in Marine De Lassalle, Didier Georgakakis, dir., *La nouvelle gouvernance européenne. Les usages politiques du livre blanc*, Strasbourg, PUS, 2008, p. 51-74.

structure d'accueil, constituant ainsi pendant un bref moment ce que Norbert Élias désigne comme un « fonctionnaire de la coordination des jeux », c'est-à-dire celui qui maîtrise les règles du jeu et coordonne les coups portés par les autres joueurs au sein de la configuration qu'ils forment. Si dès les années 2000, cette position a été fortement contestée puisque de multiples initiatives visant à définir les contours comme le contenu de la « société civile européenne » émanent de plus en plus de collectifs associatifs, des milieux académiques ou de certains *think tanks* mais surtout d'acteurs institutionnels (essentiellement le Comité économique et social mais aussi la Cellule de prospective de la Commission) – la multiplication des entrepreneurs politiques investissant la notion constituant sans doute l'indice de la réussite sociale de la catégorie –, il n'en reste pas moins que le Forum permanent a activement contribué à son institutionnalisation en lui apportant des premiers standards de définition et des linéaments organisationnels. Il a surtout contribué à déplacer quelque peu la question du « citoyen européen » vers celle de son ancrage organisationnel, à travers le thème des associations et des ONG.

Si le voyage proposé ici part du « citoyen européen » pour arriver à la « société civile européenne », une sorte d'embarras en saisit le terme. Car cette « société civile européenne » est finalement étroite, car essentiellement bruxelloise, relativement détachée de ses ancrages nationaux ou infranationaux, mais surtout capacitaire au sens où s'y intégrer requiert des ressources importantes (financières, humaines, en expertise, etc.). Est-ce à dire que toute réflexion sociologique sur la citoyenneté européenne serait condamnée à la déception, née de l'écart entre la potentialité de ce statut et sa réalité sociale ? On verra qu'en resserrant un peu plus la focale, on peut malgré tout trouver un citoyen européen et que celui-ci peut servir d'indice pour comprendre l'exercice de la démocratie dans une société de plus en plus ouverte que fragmentée.

III. La citoyenneté européenne comme statut vécu dans la mobilité

Objet investi par diverses mobilisations, la citoyenneté européenne peut en effet avoir un pouvoir *instituant*, suscitant et figeant de nouvelles façons de se représenter le monde et de nouvelles normes de comportements. L'approche socio-historique de la citoyenneté présentée plus haut souligne d'ailleurs le bouleversement identitaire que ce statut, fût-il d'abord formel, a pu induire. En effet, le développement de la citoyenneté a été analysé comme bouleversant la hiérarchie normative existante et causant une translation vers l'État des allégeances sociales traditionnelles (village, corporation, Église, etc.). Cette modification sensible de la frontière entre espace public (qui s'autonomise) et espace privé (qui se dépolitise) a notamment participé à un double phénomène concomitant qui a pu revêtir des modalités diverses selon les lieux mais qui n'en reste pas moins fort : un processus d'étatisation de la société ; et un processus de nationalisation de celle-ci[24].

La citoyenneté européenne instituée en 1992 peut-elle relever de cette dynamique identitaire ? Oui à condition qu'on la considère avant tout à partir de l'exercice des droits de mobilité qu'elle institue. Or si comme rôle social objectivé et exercé, elle n'est repérable que dans un espace social finalement très étroit, à savoir les praticiens et bénéficiaires de la mobilité – ce qu'Adrian Favell dénomme les « Eurostars » à partir de son enquête sur les expatriés européens installés à Londres, Amsterdam et Bruxelles[25], on peut néanmoins y voir un laboratoire où se met en forme un modèle d'*homo europeanus* peut-être appelé à se généraliser.

A. Une immigration dorée[26]

La libre circulation des personnes est en effet associée à la formation de groupes sociaux européens. Une idée ancienne, souvent référée au politiste Karl W. Deutsch, voudrait que l'augmentation de la mobilité et des occasions de contact entre membres de groupes différents tende à favoriser la prise de conscience d'une identité commune. C'est d'ailleurs ce postulat qui a guidé les politiques identitaires promues par la Commission européenne depuis les années 1970. Or ce phénomène reste pour l'heure extrêmement limité : en effet, pas plus de 2 % seulement des habitants de l'UE vivent dans un autre pays que celui dont ils ont la nationalité et peuvent donc rentrer dans ce modèle du « citoyen européen concret » (c'est-à-dire de celui qui est en situation d'exercer concrètement les droits associés à ce statut : résidence et vote dans un autre État membre). L'immobilité des autres 98 % d'Européens doit en effet tant aux nombreux retards dans la mise en œuvre des droits afférant à la mobilité (reconnaissance des diplômes, portabilité des régimes de retraite, droit de vote aux élections locales, etc.) qu'à des effets de structure plus généraux (la convergence des économies réduit les incitations à quitter son pays natal mais surtout, comme nous l'avons vu, la résistance des identités nationales freine l'identification à l'UE).

Qui plus est, la mobilité européenne a un coût et peut même, selon certains sociologues, accroître les inégalités sociales, en plus de donner une nouvelle forme au cosmopolitisme des catégories socioprofession-

24 Martine Kaluszynski, Sophie Wahnich, dir., *L'État contre la politique ? Les expressions historiques de l'étatisation*, Paris, L'Harmattan, 1998.

25 Adrian Favell, *Eurostars and Eurocities. Free movement and mobility in an integrating Europe*, Oxford, Blackwell Publishing, 2008.

26 Terme qui fait ici référence à Anne-Catherine Wagner, *Les nouvelles élites de la mondialisation. Une immigration dorée en France*, Paris, PUF, 1998.

nelles supérieures[27]. Nécessitant la détention de ressources financières, linguistiques et sociales, il s'agit en effet d'un processus sélectif qui permet aux élites qu'elle consacre d'engranger des profits de distinction – « ouverture internationale » étant ici synonyme de « modernité ». Les « Eurostars », pour reprendre le terme d'Adrian Favell, c'est-à-dire ceux qui mettent concrètement en œuvre les droits de mobilité attachés à leur citoyenneté européenne en s'installant dans certaines villes particulièrement attractives (les « Eurocities »), sont ainsi majoritairement des cadres, souvent assez jeunes, avec un niveau élevé d'éducation. Ils parlent deux ou trois langues, lisent *The Economist* ou *The Financial Times*, et sont plus susceptibles de soutenir le projet d'intégration européenne. On en retrouve des concentrations assez importantes à Londres, Amsterdam, Bruxelles et Dublin, des villes caractérisées par leur place financière globalisée (Londres), leur tradition d'ouverture commerciale sur le monde (Amsterdam), la présence d'une fonction publique internationale (Bruxelles) ou leur libéralisme économique (Dublin). C'est dans de tels microcosmes qu'une « société européenne » pourrait se dessiner.

B. Des expatriés novateurs ou nostalgiques ?

Or outre le fait que la mobilité résidentielle intra-européenne est faible en nombre de personnes concernées, les enquêtes montrent surtout que le contact entre Européens tend plutôt à favoriser l'usage des stéréotypes hérités des pays d'origine ainsi que des sortes de régression vers les habitus nationaux. Concernant les Eurostars, que l'on pourrait pourtant considérer comme une sorte d'avant-garde d'un « peuple européen », Adrian Favell constate que, pour ces migrants, la réussite sociale, économique et surtout psychologique de la migration entreprise repose en fait sur une intégration des codes de la culture nationale et urbaine d'accueil ; mais qu'elle n'en évacue pas pour autant le souvenir et la nostalgie du pays de départ, synonymes de confort et de sécurité lorsque les freins à l'installation dans la nouvelle vie se font ressentir (barrières linguistiques, difficultés de se trouver un logement ou des soins de santé adéquats, exclusion des réseaux sociaux existants, etc.). S'il ne fait donc aucun doute qu'une élite sociale particulièrement mobile s'est développée en lien avec l'intégration européenne dont elle profite des structures d'opportunité professionnelle ou autre (emplois mieux rémunérés à Londres, tolérance à Amsterdam, soleil à Barcelone, etc.), cette élite ne forme pas une classe sociale consciente d'elle-même, susceptible d'agir comme un acteur politique.

Et ce d'autant moins que ces populations s'avèrent peu mobilisées électoralement. Les (trop rares) travaux disponibles sur le vote des

---

27 Anne Catherine Wagner, *Les classes sociales dans la mondialisation*, Paris, La Découverte, 2007, notamment p. 41-65.

citoyens européens installés dans un État membre autre que le leur à l'occasion des scrutins européens et locaux montrent en effet que, là aussi, les difficultés d'intégration politique dans les pays hôtes mais surtout les nostalgies nationales constituent autant de freins à l'exercice pratique de cette citoyenneté européenne de mobilité[28]. La Commission européenne estime déjà que seuls 11,6 % des résidents communautaires s'inscrivent sur les listes électorales de leur pays d'accueil pour les élections européennes (même si le taux d'inscription ne cesse de croître dans plusieurs pays)[29]. Mais surtout, une très large majorité de ces populations préfère, à l'occasion de ces scrutins, voter dans le pays d'origine (que ce soit physiquement, dans les consulats et ambassades ou bien par procuration), parce qu'ils en maîtrisent davantage les codes et les listes[30]. Quant à l'exercice du droit d'éligibilité, il reste l'exception – permettant très rarement d'envoyer au Parlement européen un résident élu dans un pays autre que le sien. Pour les élections locales, on peut supposer que la compétition attire davantage les citoyens européens (en raison de la proximité des enjeux et des candidats mais également d'une corrélation logique entre la durée de la migration et l'intégration sociale et politique dans la ville d'accueil) mais, pour l'heure, aucune enquête comparative ne permet de donner des éléments d'analyse fiables[31]. Ce corps électoral européen reste encore, à bien des égards, un continent inconnu.

---

28 Voir par exemple Sylvie Strudel, « L'Europe, un nouvel espace de citoyenneté ? Le vote des non-nationaux », *Revue internationale de politique comparée*, vol. 16, n° 4, 2009, p. 559-568.

29 Pour les élections européennes de 2009, 200 000 citoyens européens non Français ont réalisé cette démarche (contre 145 000 pour le précédent scrutin) ; en Espagne, ils sont 284 000 (contre 130 000 en 2004) ; au Danemark, ces chiffres sont respectivement de 16 776 et de 15 572 ; en République tchèque, on passe également de 99 à 703 inscrits.

30 En 2009 par exemple, 36 294 ressortissants espagnols se sont inscrits sur la liste électorale d'un autre État membre mais 68 008 ont choisi de voter en Espagne.

31 Une enquête réalisée à l'occasion des élections municipales de 2001 à Toulouse avait toutefois permis de montrer la résilience des schèmes nationaux dans les démarches d'inscription (ne concernant que 753 résidents) et dans les façons de se représenter la campagne. Le sentiment d'identité et de citoyenneté européenne de ces personnes s'enracine avant tout dans et s'explique largement par des expériences singulières de migration, travaillées par la durée et également par l'importance des facteurs nationaux. Elle se déploie sur une échelle horizontale, liée à la fois à la mobilité sur le territoire européen et au désir de s'intégrer pleinement à la ville rose. Citoyenneté de déplacement comme de fixation, elle se joue par contre très peu dans une dimension verticale, liée à un hypothétique « État européen ». Voir Julien Weisbein, dir., *Le vote des résidents communautaires à Toulouse à l'occasion des élections municipales des 11 et 18 mars 2001*, Rapport dans le cadre du programme 2001 du CNRS, « L'identité européenne en question », septembre 2001.

Conclusion

Défini à partir de l'exercice d'une gamme de droits spécifiques ouverts depuis le Traité de Maastricht mais aussi par des schèmes cognitifs d'identification, le citoyen européen reste sociologiquement introuvable. Pour autant, cette polarisation plus ou moins formelle sur la citoyenneté européenne ne saurait faire oublier les logiques sociales à l'œuvre dans les pays de l'UE et qui tendent à constituer une « société européenne » de plus en plus intégrée et homogène mais qui n'a peut-être pas encore pris conscience d'elle-même en se muant en une « société civile européenne ». De nombreux historiens observent en effet que, depuis la première moitié du XXe siècle, les diverses sociétés européennes se sont de plus en plus rapprochées les unes des autres en matière de styles de vie, de structures familiales et de systèmes de valeurs[32]. Pour Neil Fligstein, les puissantes forces sociales sur lesquelles repose la construction européenne depuis la fin de la Deuxième Guerre mondiale ont une réalité forte qu'il ne faut pas sous-estimer[33]. En effet, c'est en identifiant les conditions d'émergence mais aussi les limites de cette société européenne, dont certains linéaments sont tracés par le marché, les pratiques culturelles ou certaines expériences de migration, que l'on sera à même de comprendre ce qui rend les institutions et les politiques de l'UE possibles. Dans cette perspective résolument sociologique, l'européanisation n'est plus conçue comme le changement des systèmes politiques, économiques et administratifs nationaux attribuable au fonctionnement de la gouvernance européenne, mais plutôt comme la création de liens horizontaux entre les sociétés nationales – ce que Fligstein appelle la création de « champs sociaux européens ».

Par contre, parce qu'elle repose sur une base sociologique élitaire et peut être considérée comme un privilège de privilégiés, la construction européenne tend à renforcer les inégalités sociales et démocratiques qui caractérisent les États en Europe. Une fracture grandissante sépare en effet les gagnants des perdants du processus d'intégration et constitue la matrice d'un possible « clash » à l'échelle de l'UE. Malgré son hétérogénéité, on peut voir poindre une polarisation accrue de l'espace politique à l'échelle de l'Union. De plus en plus, les opinions des citoyens s'organisent autour d'une logique idéologique nouvelle, opposant, dans l'ordre économique, les partisans d'une régulation du marché européen à ceux qui défendent une vision libérale et, dans l'ordre culturel, ceux qui

32 Par exemple Hartmut Kaelble, *Vers une société européenne, 1880-1980*, Paris, Belin, 1988 ; ou René Girault, dir., *Identité et conscience européennes au XXe siècle*, Paris, Hachette, 1994.

33 Neil Fligstein, *Euro-clash. The EU, European Identity, and the Future of Europe*, Oxford, Oxford University Press, 2008.

sont pour l'ouverture des frontières à ceux qui entendent les maintenir[34]. Mais surtout, l'intégration européenne tend à scinder et même autonomiser entre eux les espaces du politique. Les structures traduisant les choix collectifs des citoyens (le vote, l'animation de la vie politique et du débat public grâce aux médias ou aux partis) restent enchâssées dans les frontières nationales. À l'inverse, ce qui relève de la fabrique des politiques publiques (la définition des objectifs, la mise en forme juridique des programmes, la sélection des acteurs qui vont mettre en œuvre les décisions, etc.) est de plus en plus localisé à Bruxelles. Vivien Schmidt avance ainsi que les États membres sont principalement dépositaires du gouvernement *par* le peuple (à travers la participation politique) et *du* peuple (à travers la représentation politique), tandis que les institutions européennes impliquent une gouvernance *pour* le peuple (un gouvernement efficace) et *avec* une petite partie du peuple (à travers les consultations avec les intérêts organisés)[35]. Il manque encore la médiation d'un véritable espace public qui permettrait de faire correspondre le lieu de la décision collective et celui de l'action publique. Et celui-ci n'existera vraiment que lorsque la citoyenneté européenne sera plus qu'un statut juridique ou un vœu pieux, c'est-à-dire une réalité ressentie et vécue.

34 Hanspeter Kriesi, Edgar Grande, Romain Lachat, Martin Dolezal, Simon Bornschier, Timotheos Frey, *West European Politics in the Age of Globalization*, Cambridge, Cambridge University Press, 2008.

35 Vivien Schmidt, *La démocratie en Europe. L'Union européenne et les politiques nationales*, Paris, La Découverte, 2010.

La citoyenneté européenne, mythe ou réalité juridique ?

Laure CLÉMENT-WILZ
et Sylvaine POILLOT-PERUZZETTO

Maître de conférences et Professeur à l'Université Toulouse 1 Capitole IRDEIC

Initialement, la construction de l'Europe communautaire semblait relativement éloignée des individus ; bien que visant à promouvoir la paix entre les peuples, les moyens pour y parvenir reposaient sur un abandon progressif de souveraineté des États au moyen de la mise en place du marché commun du charbon et de l'acier puis du marché intérieur. Les personnes n'étaient accrochées par la dynamique européenne que par le biais de leur qualité d'acteur économique : chef d'entreprise déplaçant l'ensemble de sa société ou ses filiales ou prestant un service dans un autre État, consommateur ou travailleur salarié, leur mobilité constituait potentiellement une valeur ajoutée pour le pays d'accueil. À la fin des années 1960, ces agents économiques mobiles sont appréhendés en tant que personne physique vivante pourrait-on dire, c'est-à-dire avec une famille (conjoints, descendants, voire ascendants à charge), certainement des enfants scolarisés ou souhaitant poursuivre des études supérieures, des activités dans le travail et en dehors du travail, des problèmes de santé, etc. Dans tous ces domaines, les institutions politiques de l'Union et/ou la Cour de justice, en se fondant sur les dispositions des traités (droit primaire)[1] ont respectivement élaboré des normes de droit dérivé ou jurisprudentielles pour aligner les droits de ces ressortissants communautaires migrants sur ceux des

[1] Article 45 du traité sur le fonctionnement de l'Union européenne (TFUE) sur la libre circulation des travailleurs (sauf en cas de modifications majeures, les articles des traités seront référencés dans leur dernière numérotation, issue du traité de Lisbonne) ; Article 49 TFUE sur la liberté d'établissement. Article 56 TFUE sur liberté de circulation des fournisseurs et destinataires de services.

ressortissants nationaux[2] ou faciliter la coordination des droits nationaux, comme en matière de sécurité sociale[3], leur octroyant ainsi droits sociaux et droits en matière fiscale. À côté de ces politiques prenant en compte l'acteur économique en tant qu'individu, il a été reconnu dès le début des années 1960 que les sujets de la Communauté étaient « non seulement les États membres mais également leurs ressortissants »[4], les normes du droit communautaire, en principe dotées de l'effet direct, peuvent être invoquées par les particuliers, et non pas seulement par les États ou les institutions européennes[5].

Finalement, environ quarante ans après les premiers traités de l'intégration, l'Union envisage les individus non plus comme des acteurs économiques mais comme des personnes susceptibles de se déplacer et de s'installer dans un autre État que le leur, alors même qu'ils ne sont pas économiquement actifs : la libre circulation s'ouvre ainsi aux demandeurs d'emploi, aux retraités et aux étudiants, alors même qu'ils n'ont pas contribué à augmenter la richesse économique du pays d'accueil par leur activité[6]. C'est dans ce contexte que s'inscrit la naissance du concept de citoyenneté européenne, juridiquement consacrée comme « citoyenneté de l'Union européenne ». Depuis le traité de

---

2 Règlement n° 1612/68 du Conseil, 15 octobre 1968, relatif à la libre circulation des travailleurs à l'intérieur de la Communauté, JOCE L 257, 19 octobre 1968, p. 2. Remplacé depuis par le Règlement n° 492/2011 du Parlement européen et du Conseil, 5 avril 2011, relatif à la libre circulation des travailleurs à l'intérieur de l'Union, JOUE, L 141, 27 mai 2011, p. 1. Pour une synthèse des droits des travailleurs, V. Communication de la Commission au Conseil, au Parlement européen, au Comité économique et social et au Comité des régions du 13 juillet 2010 intitulée « Réaffirmer la libre circulation des travailleurs : droits et principales avancées » [COM(2010) 373 final – Non publié au Journal officiel].

CJCE, 11 avr. 1973, *Michel S.*, aff. 76/72, Rec., p. 457 (conclusions Mayras, 4 avr. 1973 ; CJCE, 21 juin 1988, *Steven M. Brown*, aff. 197/86, *Rec.* p. 3205, 3231 ; CJCE, 3 juill. 1974, *Donato Casagrande*, aff. 9/74, *Rec.* p. 773.

3 Règlement n° 1408/71 du Conseil, 14 juin 197, relatif à l'application des régimes de sécurité sociale aux travailleurs salariés, aux travailleurs non salariés et aux membres de leur famille qui se déplacent à l'intérieur de la Communauté, JOCE L 149 5/7/1971, p. 2 ; remplacé par le Règlement (CE) n° 883/2004 du Parlement européen et du Conseil du 29 avril 2004 portant sur la coordination des systèmes de sécurité sociale, JOUE L 166, 30/4/2004, p. 1.

4 CJCE, 5 fév. 1963, *van Gend & Loos*, aff. 26/62, Rec., p. 3.

5 A. Iliopoulou, *Libre circulation et non-discrimination, éléments du statut du citoyen de l'Union européenne*, Brulant, 2008.

6 Directive 90/365/CEE du Conseil, 28 juin 1990, relative au droit de séjour des travailleurs salariés et non salariés ayant cessé leur activité professionnelle, JOCE L 180 13/07/1990, p. 28 ; Directive 93/96/CEE du Conseil, du 29 octobre 1993, relative au droit de séjour des étudiants, JOCE L 317 18/12/1993, p. 59 ; Directive 90/364/CEE du Conseil, du 28 juin 1990, relative au droit de séjour, JOCE L 180 13/7/1990, p. 26.

Maastricht de 1992, « il est institué une citoyenneté de l'Union. Est citoyen de l'Union toute personne ayant la nationalité d'un État membre », ainsi que le prévoit l'article 20, paragraphe 1, TFUE. Lui est attaché un certain nombre de droits : la libre circulation, le droit de vote et d'éligibilité aux élections municipales où le citoyen réside après manifestation de volonté (article 22, paragraphe 1, TFUE), le droit de vote et d'éligibilité aux élections du Parlement européen dans l'État où le citoyen séjourne (article 21, paragraphe 2, TFUE), le droit à la protection diplomatique d'un autre État membre dans un État tiers dans lequel son État n'a pas de protection diplomatique (article 20 paragraphe 2 TFUE), le droit de pétition au Parlement européen sur un sujet relevant des domaines d'activité de l'Union et qui le ou la concerne directement, bien que ce droit existe aussi pour les personnes résidant dans l'UE ou ayant son siège statutaire dans l'UE, le droit de saisir le médiateur européen relativement à des cas de mauvaise administration dans l'action des institutions organes ou organismes de l'Union (article 228 paragraphe 1, TFUE)[7]. Le traité de Lisbonne adopté en 2009 et entré en vigueur en 2010 renforce les droits de la citoyenneté à plusieurs égards. Tout d'abord, la citoyenneté de l'Union figure désormais dans le traité sur l'Union européenne, traité correspondant schématiquement aux dispositions « constitutionnelles », dans un nouveau titre consacré aux principes démocratiques[8]. Ensuite, le droit à l'initiative citoyenne est créé à l'article 11 paragraphe 4, TFUE, permettant à 1 million au moins de citoyens européens (issus d'au moins un quart des États membres) d'inviter la Commission à soumettre une proposition sur des questions sur lesquelles les citoyens considèrent qu'un acte juridique est nécessaire aux fins de l'application des traités. Enfin, la Charte des droits fondamentaux, qui revêt désormais une force obligatoire, contient un titre V sur la citoyenneté, à laquelle sont rattachés les droits politiques et le droit à une protection consulaire, ainsi que le droit à une bonne administration.

À sa naissance, on se demandait si la citoyenneté de l'Union européenne relevait simplement de la seule « légitimation par les concepts »[9] sans valeur ajoutée ; on pouvait fortement douter de la capacité de cette notion à revêtir un contenu juridique autonome. Par exemple, le droit de vote aux élections municipales pour tous les ressortissants communautaires existait avant la naissance du citoyen de l'Union, de même que ses droits à circuler et séjourner librement. De plus, dans la mesure où ces droits doivent s'exercer « dans les conditions et limites définies par le

---

7 Ce droit est également attribué aux résidants dans l'Union.

8 Articles 8 et 14 TUE.

9 P. Magnette, *L'Europe, l'État et la démocratie, le souverain apprivoisé*, Bruxelles, Complexe, 2000, 262 p., p. 182.

traité et par les mesures adoptées en application de ceux-ci » (article 20 TFUE), on a pu légitimement s'interroger sur l'apport réel de ce nouveau concept juridique. Dès lors, la citoyenneté de l'Union serait-elle un simple mythe juridique aux vertus légitimantes ou porte-t-elle un contenu juridique autonome ? Plus fondamentalement encore, cette quête de « politique des symboles »[10], créatrice de concepts au contenu *a priori* creux, serait en quelque sorte imposée par l'Union européenne, qui ne rencontre alors pas nécessairement une adhésion populaire. Citoyenneté descendante pour ainsi dire à laquelle il manquerait une dimension ascendante, de réappropriation de la citoyenneté par le peuple. Au contraire, la vie juridique et politique de la citoyenneté européenne a montré que, malgré les limites intrinsèques d'une citoyenneté de l'Union créée par le droit (I), celle-ci contient des vertus émancipatrices : l'Union permet d'inventer une véritable citoyenneté européenne (II).

I. Les limites d'une citoyenneté de l'Union créée par le droit

La citoyenneté de l'Union est-elle « le statut fondamental des ressortissants des États membres », au sens de l'arrêt *Grzelczyk* prononcé en 2001[11] ou pose-t-elle un simple vernis sur des règles de droit avant tout destinées à l'agent économique et au consommateur, témoignant d'une relation descendante prescriptive pour responsabiliser les acteurs et donner des « valeurs » à l'Europe ? Liée aux droits nationaux de la nationalité (A) et à la libre circulation malgré une certaine émancipation (B), la citoyenneté de l'Union reste une citoyenneté sous contrainte.

A. Une citoyenneté rattachée au droit de la nationalité

Aux termes de l'article 20 TFUE, la distinction s'impose doublement : « Est citoyen de l'Union toute personne ayant la nationalité d'un état membre ». Ainsi la nationalité d'un État est la condition de la citoyenneté européenne. Si c'est une condition, c'est bien que la nationalité diffère de la citoyenneté. On sait d'ailleurs que cette nationalité peut être la base de la compétence du juge ou de la loi applicable en matière de statut personnel, même si le critère de la résidence est préféré dans ce domaine[12]. Par ailleurs, toujours aux termes de l'article 20, « La citoyenneté d'un État membre s'ajoute à la citoyenneté nationale et ne la

---

10 P. Magnette, L'Europe, l'État et la démocratie, le souverain apprivoisé, Bruxelles, Complexe, 2000, 262 p., p. 182.

11 CJCE, 20 sept. 2001, *Rudy Grzelczyk*, C-184/89, Rec. p. I-6193.

12 Sur la nationalité et la citoyenneté, ainsi que sur la résidence comme condition d'exercice de la citoyenneté européenne, voir M. Benlolo Carabot, *Les fondements de la citoyenneté européenne*, Bruylant, 2007.

remplace pas ». En outre, par une liste qui lui est propre, l'Union détermine le contenu des droits attachés à la citoyenneté[13]. Pour la citoyenneté comme pour le contrat ou l'entreprise, l'Union affirme l'autonomie de ses concepts à l'égard des ordres juridiques nationaux. Il existe ainsi une volonté de distinguer nationalité et citoyenneté, la nationalité qui est le lien aux États et implique un rapport de solidarité qui n'existe pas dans la citoyenneté. Le droit européen crée ainsi ses propres concepts autonomes qui s'ajoutent et ne se substituent pas aux catégories existantes, c'est le cas également de la loi européenne, du juge européen, des situations européennes[14]. Dans le domaine du droit de la nationalité, la compétence des États devient encadrée. Ainsi en est-il de la politique de double nationalité qui traditionnellement choisissait la nationalité du for, ce qui n'est plus possible si cela conduit à refuser de reconnaître un jugement de divorce prononcé en Hongrie pour un couple franco-hongrois[15] ou, en l'absence de nationalité du for, la nationalité la plus effective, laquelle ne peut être, comme le voulait l'Espagne, pour refuser l'installation d'un italo-argentin en Espagne, la nationalité de la dernière résidence[16]. Les États sont également contrôlés sur le retrait de nationalité[17] : ainsi lorsque l'Allemagne a voulu retirer le décret de nationalisation à Monsieur Rothman qui avait perdu sa nationalité autrichienne d'origine en obtenant la nationalité allemande, perdant du même coup la citoyenneté de l'Union, la Cour a posé les conditions d'un tel retrait.

La citoyenneté est d'abord un moyen pour l'Union d'investir le terrain politique des États, qu'elle n'avait pas investi dans un premier temps. En outre, elle reprend les mêmes techniques que les États pour la nationalité et elle s'inscrit dans une relation prescriptive. Par cette relation, le souverain fait le citoyen.

Dans l'Union européenne, la citoyenneté est utilisée de trois manières. Il s'agit tout d'abord de responsabiliser les acteurs : par la citoyenneté, l'Union met en avant l'importance du comportement citoyen tant pour le consommateur que, par extension, pour les sociétés. Le citoyen-consommateur doit être un acteur économique efficace pour le marché intérieur ; le citoyen est ainsi celui qui construit le marché

---

13 V. *supra*, Introduction.

14 J.S. Bergé, « La distinction "national-étranger-européen" et le droit international privé : question de vocabulaire ou problème arithmétique ? », Les petites affiches 2008, n° 221, p. 5. L'auteur montre ainsi que les réponses de droint international privé européen sont spécifiques, qu'il s'agisse des conflits de lois, de juridictions, de la reconnaissance de situations européennes, de la définition de l'ordre public et défend l'existence d'une approche purement européenne.

15 CJCE, 16 juillet 2009, *Hadadi*, C-168/08, Rec. p. I-6871.

16 CJCE, 7 juillet 1992, *Micheletti*, C-369/90, Rec. p. I-4239.

17 CJCE, 2 mars 2010, *Rottman*, C-135/08, Rec. p. I-1499.

intérieur en achetant hors frontières, il est invité à la table du commerce équitable[18] et le consommateur de justice, par les mesures alternatives de règlement des litiges, est invité à avoir un comportement responsable en s'appropriant son litige. Il devient un acteur politique ; en tant que « consommateur » de justice avec les mesures alternatives de règlement des litiges, il devient un individu responsable.

Dans tous ces cas, les textes évoquent tantôt le consommateur, tantôt le citoyen, faisant ainsi du citoyen un consommateur responsable ou du consommateur un citoyen. De la même manière, les entreprises sont invitées à développer leur responsabilité sociale entre marché et développement durable et social, avec la communication de la Commission du 25 octobre 2011[19], et selon des prescriptions de libre concurrence avec la brochure sur les programmes de conformité au droit de la concurrence[20]. Il s'agit également d'intégrer le droit et la justice dans l'Union en liant la création de l'espace de liberté de sécurité et de justice à la citoyenneté. À cet égard, le Programme de Stockholm vise à « promouvoir les droits des citoyens dans une Europe des droits » et évoque une « Europe des droits et de la justice ». Le citoyen finalement utilisé pour affirmer le pragmatisme de l'Europe : l'Europe pour faciliter la vie quotidienne des « citoyens ». Le Programme de Stockholm vise clairement à « faciliter la vie des citoyens » par une « Europe du droit et de la justice », et « une société plus intégrée pour les citoyens ». Dans le même sens, la consultation de la Commission en 2010 sur « comment renforcer les droits découlant de la citoyenneté dans l'union ? » s'intéresse à la vie quotidienne.

De la même manière, la citoyenneté reste marquée de l'ADN du marché intérieur malgré une distanciation toujours plus importante.

B. Une citoyenneté liée à la logique de la libre circulation

1. Le lien d'extranéité comme condition d'application du droit de l'Union

Le marché intérieur se comprend comme la libre circulation des facteurs de production en vue de créer un marché intégré. Malgré la création du nouveau concept de citoyenneté de l'Union, le développement des droits politiques et l'ouverture du droit de circuler et du droit de

---

18 M.-P. Blin-Franchomme, « Le commerce équitable, un exemple de droit postmoderne », in G. Parent (dir.), *Production et consommation durables : de la gouvernance au consommateur-citoyen*, CEDE, p. 67.

19 Communication de la Commission, 25 octobre 2011, responsabilité sociale des entreprises : unenouvelle stratégie de l'UE pour 2011-2014.

20 Compliance matters – what companies can do better to repect EU competition rules (en ligne le 23 novembre 2011).

séjour à tous, acteurs économiques ou non, le cordon ombilical entre le marché intérieur et la citoyenneté de l'Union n'est pas coupé dans le texte même des traités issus du Traité de Maastricht. Tout d'abord, les limites déjà présentes dans le droit secondaire relatif au droit de séjour et à la libre circulation des étudiants et ressortissants communautaires non actifs demeurent s'agissant des citoyens de l'Union. S'il ne travaille pas ou ne participe pas activement à la vie économique du pays d'accueil, le citoyen de l'Union doit donc disposer de ressources financières suffisantes pour subvenir à ses besoins et « ne pas devenir une charge pour le système d'assistance sociale de l'État membre d'accueil » et d'une assurance maladie complète[21]. De plus, les nouveaux droits politiques sont eux aussi attachés à la mobilité, que ce soit à l'intérieur de l'Union européenne (droit de voter pour les députés du Parlement européen) ou à l'extérieur (protection diplomatique). Enfin, le premier droit énoncé demeure celui de se déplacer librement, ce qui signifie que n'entrent dans le champ d'application du traité que les citoyens migrants. Autrement dit, il doit exister un élément d'extranéité. En effet, dans la logique de construction de l'intégration, le droit de l'Union n'a pas vocation à régir les situations purement internes. Le champ d'application du droit de l'Union trouve ici sa délimitation, évitant ainsi son omniprésence dans toutes les sphères de la vie privée et économique des ressortissants de l'Union. Toutefois, une telle limite contredit l'idéal d'une citoyenneté qui doit fonder une protection égale de tous les ressortissants de l'Union.

Cette contradiction intrinsèque à la citoyenneté de l'Union a été contenue au maximum par une jurisprudence innovante entamée en 1997[22] relayée ensuite par les institutions politiques de l'Union. Sans pour autant s'écarter de la lettre du traité, la Cour, sollicitée puis soutenue par ses avocats généraux[23], a mobilisé les moyens d'interprétation judiciaires pour réduire le lien entre citoyenneté et marché intérieur sans pour autant le rompre totalement. D'une part, elle interprète limitativement les conditions posées au droit de séjour des citoyens non économiquement actifs : un ressortissant français qui demande à bénéficier de l'équivalent du RSA en Belgique peut toutefois bénéficier d'un droit de séjour et de l'égalité de traitement[24]. D'autre part, elle retient une con-

---

[21] Article 7 de la directive 2004/38/CE, 29 avril 2004, relative aux droits des citoyens de l'Union et des membres de leurs familles de circuler et de séjourner librement sur le territoire des États membres, JOUE L 158, 30/04/2004, p. 77.

[22] CJCE, 12 mai 1998, *Martinez Sala*, C-85/96, Rec. p. I-2691.

[23] L. Clément-Wilz, *La fonction de l'avocat général près la Cour de justice*, Bruylant, 2011.

[24] CJCE, 20 sept. 2001, *Rudy Grzelczyk*, C-184/89, Rec. p. I-6193 ; CJCE, 7 sept. 2004, *Trojani*, C-456/02, Rec. p. I-7573.

ception large de l'exigence d'extranéité : un individu parti étudier dans un autre État membre puis rentré chez lui relève du champ d'application du droit de l'Union[25], de même que les individus n'ayant pas quitté leur territoire national, dès lors qu'ils possèdent une double nationalité européenne dont le droit national empêche de bénéficier pleinement[26]. Quant aux institutions de l'Union, elles ont adopté en 2004 un texte majeur pour le citoyen de l'Union. La directive 2004/38/CE *relative aux droits des citoyens de l'Union et des membres de leurs familles de circuler et de séjourner librement sur le territoire des États membres* va au-delà d'une simple codification du droit dérivé antérieur et de la jurisprudence de la Cour : il crée un droit de résidence permanent, acquis après un séjour de 5 ans dans l'État d'accueil[27].

2. *La rupture non aboutie avec la logique de la libre circulation*

Plus récemment, la Cour de justice a franchi un pas supplémentaire, semblant cette fois rompre totalement avec la logique de la mobilité. Après l'arrêt *Rottmann*[28], où il a été jugé qu'un État ne peut retirer la nationalité d'un de ses ressortissants si cela aboutit à ce que ce dernier perde son statut de citoyen de l'Union, le statut de citoyen de l'Union, reconnu comme le « statut fondamental des ressortissants des États membres » depuis 2001, n'est plus seulement le socle d'exercice de droits mais également l'objet même de la protection. Avec l'arrêt *Zambrano* de 2011, la Cour de justice consacre pleinement la protection du citoyen sédentaire, émancipant les ressortissants de l'Union de leur seule « citoyenneté de marché »[29] : le droit de l'Union s'applique à tout citoyen de l'Union, dès lors qu'est entamée la « jouissance effective de l'essentiel des droits attachés au statut de citoyen de l'Union »[30]. En l'espèce, pour préserver le droit de séjourner sur le territoire de l'Union européenne de deux enfants-citoyens de l'Union, la Cour a considéré que leurs parents, ressortissants colombiens devaient pouvoir bénéficier d'un titre de séjour dans l'État où il résidait, de même qu'un permis de travail. Pour la première fois, l'article 20, paragraphe 1, TFUE fait l'objet d'une lecture autonome. Cet arrêt supprime-t-il l'exigence d'extranéité ? Peut-il faire bénéficier à tout ressortissant d'un État membre de la protection déjà accordée aux citoyens européens migrants

---

25 CJCE, 11 juill. 2002, *D'Hoop*, C-224/98, Rec. p. I-6191.

26 CJCE, 2 oct. 2003, *Garcia Avello*, C-148/02, Rec. p. I-11613.

27 Articles 16 à 21 de la directive relative aux droits des citoyens de l'Union.

28 CJCE, 2 mars 2010, *Janko Rottman*, C-135/08, Rec. p. I-1449.

29 L. Azoulai, « La citoyenneté européenne, un statut d'intégration sociale », in *Mélanges en l'honneur de Jean Paul Jacqué*, Dalloz, 2010, p. 1, spéc. p. 7.

30 CJUE, 8 mars 2011, *Gerardo Ruiz Zambrano*, C-34/09, Rec. p. I-1177.

en matière de regroupement familial ou protection des droits fondamentaux ? Il semble que non.

En effet, la « révolution Zambrano » n'a pas eu lieu. Bien au contraire, l'arrêt *Dereci*, comme l'arrêt *Mac Carthy* avant lui[31], en réduit la portée. La Cour de justice considère que « le critère relatif à la privation de l'essentiel des droits conférés par le statut de citoyen de l'Union » est un « critère très particulier ». Ce n'est qu'« exceptionnellement » le droit de séjour d'un ressortissant d'un État tiers dérivé de celui d'un citoyen de l'Union peut lui être refusé, quand il méconnaît « l'effet utile de la citoyenneté de l'Union ». Ce critère se réfère ainsi « à des situations caractérisées par la circonstance que le citoyen de l'Union se voit obligé, en fait, de quitter le territoire non seulement de l'État membre dont il est ressortissant, mais également de l'Union prise dans son ensemble »[32]. Or, dans le cas d'espèce, M. Dereci, ressortissant turc, est père de trois enfants de nationalité autrichienne. Contrairement à M. Zambrano, il est marié à une ressortissante autrichienne. Pour cette raison, lui refuser le séjour sur le territoire autrichien n'obligeait pas ses enfants à quitter le territoire de l'Union. Ainsi, le droit de l'Union s'avère paradoxalement plus protecteur pour des ressortissants d'État tiers que pour un couple mixte ressortissant d'État tiers/citoyen de l'Union.

Le récent arrêt *Iida* confirme la lecture restrictive de l'arrêt *Zambrano*[33]. Les circonstances étaient certes spécifiques car le ressortissant d'État tiers (japonais) demandait un titre de séjour dans un autre État que celui où résidait le citoyen de l'Union dont il prétendait obtenir un droit de séjour dérivé. La Cour précise qu'il existe toujours « un rapport intrinsèque avec la liberté de circulation d'un citoyen de l'Union qui s'oppose à ce que le droit d'entrée et de séjour soit refusé auxdits ressortissants dans l'État membre où réside ce citoyen, afin de ne pas porter atteinte à cette liberté »[34]. S'il semble en effet de bonne logique juridique d'associer le droit de séjour du ressortissant d'État tiers à l'État de résidence du citoyen de l'Union[35], on peut douter de l'existence d'un rapport intrinsèque avec la liberté de circulation dans le cas *Zambrano*

---

31 CJUE, 3e ch., 5 mai 2011, *Shirley McCarthy*, C-434/09, Rec., p. I-3375.

32 CJUE, 15 nov. 2011, *Murat Dereci*, C-256/11, Rec., p. I-11315, pt. 66.

33 « L'article 20 TFUE s'oppose à des mesures nationales ayant pour effet de priver les citoyens de l'Union de la jouissance effective de l'essentiel des droits conférés par leur statut de citoyen de l'Union » (CJUE, gde ch., 8 mars 2011, *Ruiz Zambrano*, C-34/09, Rec. p. I-01177, pt 42).

34 CJUE, 8 nov. 2012, *Y.Iida*, C-40/11, non encore publié, pt 72.

35 On comprendra toutefois que le père pourra plus facilement entretenir un lien affectif avec sa fille en Autriche en résidant en Allemagne, pays limitrophe, que s'il demeure au Japon.

puisque précisément le citoyen en question « n'a[vait] pas fait usage de sa liberté de circulation »[36]. C'est la perspective de « quitter le territoire de l'Union prise dans son ensemble, en le privant ainsi de la jouissance effective de l'essentiel des droits conférés par [son statut de citoyen de l'Union] »[37] qui assure le lien de rattachement avec le droit de l'Union. Selon la Cour, l'application de l'arrêt *Zambrano* n'est pas réservée « à des situations dans lesquelles il existe une relation biologique entre le ressortissant de pays tiers pour lequel un droit de séjour est demandé et le citoyen de l'Union, qui est un enfant en bas âge, dont découlerait éventuellement le droit de séjour du demandeur ». En effet, « c'est la *relation de dépendance* entre le citoyen de l'Union en bas âge et le ressortissant de pays tiers auquel un droit de séjour est refusé qui est susceptible de mettre en cause l'effet utile de la citoyenneté de l'Union dès lors que c'est cette dépendance qui aboutirait à ce que le citoyen de l'Union se voie dans l'obligation, en fait, de quitter non seulement le territoire de l'État membre dont il est le ressortissant, mais également celui de l'Union pris dans son ensemble, comme conséquence d'une telle décision de refus »[38].

Finalement, la logique de libre circulation n'a pas totalement disparu. Toutefois, le droit de ne pas être forcé à quitter le territoire, dès lors que l'enfant est dépendant d'un ressortissant d'État tiers faisant l'objet d'une mesure d'éloignement, demeure un acquis pour les citoyens, indépendamment de leur mobilité, notamment pour les enfants-citoyens. Cette jurisprudence montre également que les individus eux-mêmes se sont emparés de ce concept mobilisateur.

II. Les promesses d'une citoyenneté européenne inventée par les individus

Au cœur de la jurisprudence créatrice de la Cour, l'individu est inventeur de sa propre citoyenneté (A), l'Union offrant les conditions pour créer une conscience européenne (B).

A. L'individu inventeur de citoyenneté

1. L'utilisation des concepts juridiques

Les requérants, aidés de leurs conseils juridiques, ont contribué à donner une substance à la citoyenneté européenne et à en élargir le potentiel. Par exemple Mme Martinez Sala, mère célibataire espagnole

---

[36] CJUE, 8 nov. 2012, *Y.Iida*, aff. C-40/11, préc., pt 71.

[37] CJUE, 15 nov. 2011, *Dereci*, aff. C-256/11, en cours de publics au Recueil, pt 62.

[38] CJUE 6 déc. 2012, *O et S. et autres*, aff. jtes C-356/11 et C-357/11, *en cours de publication au Recueil*, pt 56. Italiques ajoutés.

migrante en Allemagne et souhaitant obtenir des prestations sociales pour son enfant, Dany Bidar, étudiant français ayant résidé quelque temps en Angleterre avant d'y commencer ses études et souhaitant bénéficier des prêts octroyés aux étudiants britanniques, ont permis d'ouvrir le champ d'application du principe de non-discrimination. En quittant la Belgique pour étudier dans un autre État et en y revenant pour obtenir un premier emploi, mademoiselle d'Hoop a demandé, au nom de son statut de citoyen de l'Union, à bénéficier de l'allocation d'attente accordées aux jeunes diplômés cherchant à entrer sur le marché du travail. Elle a ainsi donné l'opportunité à la Cour d'élargir la portée de la citoyenneté de l'Union, désormais invocable contre l'État d'origine. L'affaire *Chen* révèle combien l'imagination des plaideurs constitue un puissant levier de réinterprétation du droit. Madame Chen, ressortissante chinoise, souhaitant donner naissance à un deuxième enfant (après un premier né en Chine), est entrée sur le territoire du Royaume-Uni alors qu'elle était enceinte d'environ six mois. Elle s'est ensuite rendue à Belfast au mois de juillet de la même année et Catherine y est née le 16 septembre suivant. La mère et l'enfant se sont installés à Cardiff, au pays de Galles (Royaume-Uni). Or, suivant l'*Irish Nationality and Citizenship Act 1956*, la République irlandaise permet à toute personne née sur l'île d'Irlande d'acquérir la nationalité irlandaise[39]. Partant, la petite Catherine Chen a obtenu la nationalité irlandaise. La Cour de justice a d'ailleurs reconnu « que le séjour sur l'île d'Irlande était destiné à permettre à l'enfant à naître d'acquérir la nationalité irlandaise et, par voie de conséquence, à la mère d'obtenir le droit de demeurer, le cas échéant, avec son enfant sur le territoire du Royaume-Uni »[40]. Pour autant, dès lors que la petite Chen résidait dans un autre État membre, en l'occurrence le Royaume-Uni, elle pouvait relever du champ d'application du droit de l'Union en matière de regroupement familial, ce qui a permis à sa mère chinoise de bénéficier d'un droit de séjour dérivé. En tant que citoyenne de l'Union, statut qu'elle n'a au demeurant pas choisi, la petite Chen a fait évoluer son propre statut. Comme elle, l'ensemble de ces individus témoigne de l'émergence d'une conscience citoyenne européenne.

2. *La conscience constructrice des citoyens*

Une véritable citoyenneté, ressentie et vécue, passe sans doute par une conscience de citoyenneté. Une conscience se construit par rupture

---

[39] Suivant le paragraphe 3 de cet article, une personne née sur l'île d'Irlande est un citoyen irlandais de naissance si elle ne peut prétendre à la citoyenneté d'un autre pays.

[40] CJUE 19 octobre 2004, *Kunqian Catherien Zhu et Man Lavette Chen*, C-200/02, Rec. p. I-9925, point 11.

et à l'aide de différents moteurs. Les ruptures à amorcer sont nombreuses pour que le citoyen se révèle. Rupture d'abord avec le droit et les concepts juridiques, quitte à ce que la conscience dans un mouvement dialectique conduise dans un second temps à la construction d'autres concepts juridiques. Rupture aussi avec la relation connue de nationalité et rupture encore avec les idées toutes faites et si facilement véhiculées tant par les médias que par les responsables politiques sur les réalités et possibilités de l'Union européenne. Certains moteurs devraient aider à vivre ces ruptures et à mettre en forme la conscience citoyenne. Ainsi en est-il d'une formation scolaire à l'histoire européenne au-delà de l'histoire des États nations, à une formation à l'identité européenne en diachronie et en synchronie. De ces connaissances et appropriations pourrait naître un citoyen européen responsable politiquement, économiquement et socialement.

Au-delà, il est certain qu'une situation de crise peut, paradoxalement, faciliter cette conscience, crise interne à l'Union mais peut-être aussi crise externe. À cet égard, il serait temps que les gouvernements nationaux, particulièrement en campagne électorale, prennent en compte, que les incroyables relations nouées entre États européens tout à coup peuvent être fragilisées. Il serait temps aussi que l'on dise combien notre région terrestre qu'est l'Europe n'est plus le centre de gravité du monde, même si sa culture particulière peut servir de balise à ces entités nouvelles en construction. Pour que cette région du monde reste une région de référence, l'importance de la culture des droits de l'homme, de l'homme tout court, est fondamentale. Et sans doute pour le citoyen, dès lors qu'il l'aurait intégrée, il y aurait là un extraordinaire vecteur de conscience européenne.

De cette conscience, pour qu'elle passe du senti au vécu, émergent des projets permis par l'Union européenne. Sont projets citoyens toute réalisation recherchée avec le réflexe européen sur une conscience européenne. Les exemples sont nombreux. Sur la base des expériences Erasmus, les étudiants se construisent une vie d'Européens faite de mobilité, de couples mixtes, d'expériences multiples. Mais l'on se doit à Toulouse de citer aussi la constitution de l'association Toulouse Cité Européenne du Droit qui, à partir du terrain et de la pratique de l'ensemble des professionnels du droit couvrant toute la chaîne du droit, promeut l'échange européen et le droit européen par la constitution d'un réseau de cités européennes du droit : il s'agit de partir du quotidien, du terrain, du connu, pour rechercher ensemble des améliorations. Il y a dans ce projet à la fois une volonté d'implication personnelle, une recherche d'Europe et une recherche de bien commun à partir du connu et de l'expertise de chacun.

B. Les conditions d'une conscience citoyenne

Le projet européen, relayé par ses institutions, offre tous les éléments pour que la citoyenneté se construise et se déploie au fil du temps. En effet, l'Union a multiplié les déterminants possibles pour une réflexion sur la citoyenneté et une construction de la citoyenneté, et elle offre des méthodes qui permettent de révéler les réalités, et limiter ainsi les fictions.

1. La multiplication des déterminants possibles pour le citoyen

L'Union propose finalement un panel de déterminants possibles, de rationalité en apparence différente pour le citoyen. Clairement, l'Union propose de réfléchir à ces déterminants nouveaux précédemment évoqués. Il en est ainsi de la libre circulation de la personne, qui s'applique y compris quand elle n'est que potentielle[41]. Il en est également ainsi du lien entre citoyen et consommateur éclairé et entre citoyen et société responsable ; il serait en effet intéressant de pouvoir dépasser la séparation classique entre le politique et l'économique et comprendre le citoyen comme politiquement et économiquement responsable, avec une conscience politique *et* économique. Par ailleurs, cette citoyenneté associée aux personnes physiques pourrait aussi s'entendre pour les sociétés. L'admission de la responsabilité pénale d'une personne morale va dans ce sens et envisager des responsables dans leur comportement et dans la prise en compte du bien commun n'est pas si absurde. Parmi les déterminants auxquels l'Union renvoie, il convient de revenir sur l'importance accordée par le Traité de Lisbonne à la société civile qui a sa place aux côtés des institutions et sur la reconnaissance de la force obligatoire de la Charte. Au-delà de cette variété de déterminants proposés par l'Union, il faut également montrer comment l'Union, si elle élabore des concepts, peut aussi se montrer vecteur de révélation, et de capitalisation, des réalités.

2. L'Union vecteur de révélation et de capitalisation des réalités

Plusieurs configurations ou méthodes permettent à l'Union de jouer le rôle de révélation de la réalité, ce qui permettrait d'aider le citoyen à se révéler sans lui imposer une ligne d'expression. À cet égard, il faut mentionner d'abord le perpétuel pragmatisme de l'Union qui se traduit par son avancée par objectifs son approche téléologique, par l'importance de l'effet utile qui permet de dépasser bon nombre d'obstacles pourvu qu'un objectif préalablement fixé soit atteint.

---

[41] CJCE, *Garcia Avello*, préc.

La citoyenneté ne peut s'entendre dans la seule relation Union-individu, ni dans la seule relation État-individu, ni même dans la seule relation État-Union. Le débiteur des droits de la citoyenneté élaborés au niveau européen n'est pas l'Union européenne mais les États, États d'origine ou État d'accueil. Se crée ainsi une triangulation des liens juridiques et des rapports d'allégeance, caractéristique du droit de l'Union, dont l'exécution relève avant tout des États membres. Cette relation à trois État/Union/individu oblige à la discussion, à la construction, mais surtout à l'invention car une telle relation ne peut être le connu de l'un ou de l'autre et nécessite de s'articuler dans un contexte où l'État n'est plus le seul mais où l'Union ne peut reprendre un rôle d'État. Face à ces deux institutions, à leur coordination, l'individu est ainsi sollicité pour retrouver les fondamentaux de la citoyenneté. Celle-ci se présente dans l'Union comme une poche extensible qui serait nourrie par le citoyen et non par l'Union ou par les États ou même par les rapports de souveraineté entre l'Union et les États.

La citoyenneté européenne face aux nations

D'une souveraineté à l'autre ?

Bertrand VAYSSIÈRE

Maître de conférences en histoire contemporaine à l'Université Toulouse 2 le Mirail

La fin du mur de Berlin a brutalement posé la question de la finitude de l'espace communautaire et réintroduit les questions de l'approfondissement et de l'élargissement de l'UE, tout en remettant en jeu « l'impératif territorial »[1] à travers lequel se pose par exemple la question de la gouvernance européenne. Ces faits se posent brutalement et attaquent frontalement le principe des souverainetés nationales : sans pour autant parler de fédéralisme (le mot reste toujours aussi tabou dans notre vocabulaire politique traditionnel), la question de la souveraineté se pose ainsi avec une acuité redoublée, invitant la pensée à revisiter certains hauts lieux de la pratique politique, tels que la citoyenneté, l'identité, les frontières ou la notion d'État à la lumière des bouleversements expéri mentés par les Européens ces vingt dernières années[2]. Il serait futile, voire dangereux, de se bercer du soi-disant apolitisme de la construction européenne pour écarter d'un revers de main une réflexion renouvelée sur le problème de la citoyenneté dans nos sociétés contemporaines ; au contraire, cette construction, qui fait face aux grands défis de ce début de siècle (élargissements, mondialisation de l'économie, relations avec les États-Unis), a la prétention d'être le socle politique à partir duquel nous appréhendons les mutations et la nature géopolitique des grands problèmes du moment. C'est cette question de la citoyenneté que nous nous proposons d'analyser ici, en rappelant ses fondements classiques et en réfléchissant à ses développements les plus contemporains, en rela-

---

1 Thème classique qui renvoie à Jean Gottman, *La politique des États et leur géographie*, Paris, Armand Colin, 1952.

2 C'est ce que fait Jean-Marc Ferry, dans *La question de l'État européen*, Paris, Gallimard, 2000.

tion avec la construction européenne. Quelles mutations a subi cette question, en théorie et en pratique, et comment sa cohabitation avec l'Europe s'est-elle organisée pour rendre possible cet axiome de la fédération européenne, « l'unité dans la diversité », tellement peu en accord avec l'histoire de chacun de nos États nationaux ?

I. Le difficile débat entre État et Europe

A. Liens historiques entre État et nation

Dans notre culture politique, l'État ne peut pas se définir sans tenir en compte le lien qui l'unit naturellement à l'idée de nation. Il y a dans cette acception une relation dynamique, voire charnelle, qui orchestre la fusion entre le gouvernement et le peuple. Cette relation privilégiée orchestre une confusion totale entre l'action collective et le destin de chaque individu. La définition traditionnelle de la nation, entité pré-politique où l'individu, membre d'un peuple « organique », ne compte pas, se marie ainsi parfaitement avec une version modernisée que la Révolution répand, celle où le citoyen signifie son appartenance à la nation par son implication dans la marche de l'État. Depuis Renan, on a vu la république se présenter comme un mode d'accomplissement du nationalisme et d'affranchissement de l'homme, mais le système ainsi créé bute de toute façon sur les limites nationales : le lien État entre et nation reste tellement intime que seul celui-ci peut déterminer une structure politique véritablement démocratique, tout dépassement étant assimilé à une tentative de saper les bases du système. Car, pour bien comprendre la place de la citoyenneté dans notre culture politique, il faut tenir compte de ce que la science politique ne peut définir de manière scientifique, à savoir l'attachement passionnel manifesté par un peuple pour la Nation et, à travers elle, pour l'État qui la représente naturellement. Isaiah Berlin a très bien défini cet attachement privilégié[3], que Michelet assimilait déjà à une manifestation digne de la foi religieuse[4]. On peut également en déduire que cette nature si particulière de l'attachement à la nation est à l'origine de l'incompréhension mutuelle qui sévit entre européistes et autres depuis plus d'un siècle : on connaît le débat déjà ancien entre les libéraux et les communautaristes, les premiers partant d'un postulat universaliste et formaliste, par lequel l'intégration fonctionnelle, fille de la raison, permettrait d'aboutir à une Europe véritable, les seconds estimant nécessaire qu'il existe au préalable un sentiment d'appartenance à une communauté et un engagement au sein de celle-ci, qu'ils ne voient s'exprimer qu'à l'échelle des na-

---

3 Isaiah Berlin, *Against the Current. Essays in the History of Ideas*, Londres, Pimlico, 1997, notamment pp. 351-353.

4 Jules Michelet, *Le Peuple*, Paris, Plon, 1974, p. 219.

tions. La manifestation politique de cette dernière vérité est qu'il n'y a pas de possibilité de dissociation entre la communauté historique d'appartenance et la communauté politique démocratique qu'il s'agit d'établir. Par conséquent, la nation resterait synonyme de démocratie et de partage véritable, de solidarité et d'équité sociales : les nations seraient des « communautés éthiques »[5], dans le même temps où l'universalisme déresponsabiliserait, débat évidemment relancé par la condamnation de la mondialisation, dont l'Europe ne serait qu'un apanage. L'idée même de co-citoyenneté va elle-même à l'encontre d'une longue histoire qui a vu l'absolutisation et la sacralisation des frontières : cette vérité ne s'est pas adoucie avec le temps, et s'est même renforcée avec la démocratisation des différents régimes composant l'Europe, l'idée même de démocratie exprimant le fait que l'État était devenu la propriété du peuple en même temps que celui-ci était son propriétaire « absolu » au sein même de l'espace « territorialisé »[6].

B. Une cohabitation commandée par les circonstances

Le XXe siècle est ainsi celui de la consécration d'une pensée où l'État reste national, mais c'est aussi celui des origines de l'intégration européenne. Bien évidemment, le cheminement est long pour sortir du système westphalien, basé sur le *balance of power*, qui a connu des mises à jour (Vienne, Berlin), mais reste assez prégnant pour signifier la lente agonie de la Société des Nations, au même titre que celle des premiers mouvements européistes : l'entre-deux-guerres est l'illustration de la tragique immaturité du projet politique européen, trop orienté vers une formule libérale, délaissant les potentialités d'une approche plus institutionnelle[7]. Ce n'est de toute manière qu'après la guerre que la notion de multilatéralisme s'impose, aussi bien au point de vue économique (extension de la clause de la nation la plus favorisée) que politique (la menace contre un seul pèse contre tous), permettant une réflexion plus profonde et « révolutionnaire » de la notion d'État[8]. Cependant, même si la Seconde Guerre mondiale a ainsi eu un rôle considérable dans le renouvellement de la pensée politique à l'échelle

---

5 Pierre Rosanvallon, « Les conditions d'un nouveau contrat social : la citoyenneté et ses différences », *Témoin*, n° 9, été 1997, pp. 43-44.

6 Voir, à l'échelle de la frontière franco-espagnole, les travaux de Peter Sahlins, notamment *Frontières et identités nationales. La France et l'Espagne dans les Pyrénées depuis le XVIIe siècle*, Paris, Belin, 2000.

7 Pour un aperçu complet et réactualisé de cette période, Sylvain Schirmann, *Quel ordre européen ? De Versailles à la chute du IIIe Reich*, Paris, Armand Colin, 2006.

8 Pour une définition du mot « multilatéralisme », voir Marie-Claude Smouts, Dario Battistella et Pascal Vennesson (dir.), *Dictionnaire des relations internationales*, Paris, Dalloz, 2003, pp. 333-335. Voir également l'ouvrage fondateur de Guy de Lacharrière, *La politique juridique extérieure*, Paris, IFRI, 1983.

européenne, il nous apparaît abusif de parler d'un « européisme de la Résistance », des « puissantes forces transnationales » apparemment à l'œuvre dès 1945, ainsi que de l'« européisme des intellectuels » de cette époque. Ces trois points sont reconstruits, et mettent de côté un débat où l'État est loin d'être condamné, les fédéralistes de l'époque en feront la cruelle expérience[9], l'État se révélant plus « obstiné » qu'« obsolète »[10]. Il est cependant exact que le traité de Rome est un mélange de logique internationale des traités entre États et de logique supranationale, ainsi que finaliste (au nom de l'« union sans cesse plus étroite »). Le pragmatisme fonctionnaliste, que Monnet a soutenu à travers la Haute Autorité de la CECA, a permis une action européenne sans précédent, continuée par la dynamique globale que suppose la CEE. Certes, le gaullisme a fait son œuvre, mais l'Europe a pu continuer à vivre, démontrant que le projet était irréversible, comme le prouve l'importance croissante de l'acquis communautaire, tout en restant une « question ouverte » qui bouleverse toutes nos certitudes. La tendance la plus permanente semble être ainsi celle de l'intégration discrète, par l'intermédiaire notamment de la CJUE et du versant juridique de la supranationalité, qui assure une véritable construction jurisprudentielle (applicabilité directe, primauté, compétences exclusives). Le droit communautaire est ainsi un puissant instrument de l'intégration européenne.

On doit mettre en avant certaines nouveautés que le débat européen a introduites dans notre conception de l'État, parfois s'inspirant d'influences anciennes, parfois inventant une formule nouvelle en suivant des voies originales. D'ores et déjà, toute une littérature politique revisite les classiques afin de démontrer certaines idées reçues à propos de la forme intangible que devrait avoir l'État, même dans l'optique rousseauiste[11]. Ainsi, on peut voir combien la pensée kantienne a pu inspirer le projet européen : l'idée de « conditionnalité démocratique » qui lui paraît indispensable à la mise en place d'un système international pacifié fait écho aux articles 6 et 7 du traité d'Amsterdam, de même que les fameuses « conditions politiques de Copenhague » (1993) ; l'idée de cosmopolitisme pourrait elle-même être illustrée par le principe de co-citoyenneté contenue dans la citoyenneté européenne (art. 8 Maastricht, 17-22 Amsterdam).

---

9 Bertrand Vayssière, *Vers une Europe fédérale ? Les espoirs et les actions fédéralistes au sortir de la Seconde Guerre mondiale*, Bruxelles, PIE Peter Lang, 2006.

10 Stanley Hoffmann, « Obstinate or Obsolete ? France, European Integration and the Fate of the Nation-State », *The European Sisyphus*, Boulder, Westview Press, pp. 71-106 (article datant de 1966).

11 Voir en particulier Maurizio Viroli, *For Love of Country. An Essay on Patriotism and Nationalism*, Oxford, Oxford University Press, 1997.

C. Quelle définition actuelle de la souveraineté ?

Le constat global à propos du système politique européen s'impose à tous : l'UE repose sur un système politico-institutionnel inédit, dont on doit souligner l'originalité par rapport aux modèles classiques, opérant une forme de « constitutionnalisation » des traités[12], aboutissant à la mise en forme d'un sujet de droit international sans précédent, qui est le fameux « triangle institutionnel », combinaison de logiques intergouvernementale, technocratique et démocratique. La théorie des trois pouvoirs est elle-même relativisée par le caractère mixte de chacun d'entre eux, comme le montre l'exemple des pouvoirs législatifs que le Conseil exerce avec le Parlement européen et des pouvoirs exécutifs partagés avec la Commission. D'autres acteurs sont en jeu, tels que la Cour de justice de l'Union européenne (CJUE), ou certaines organisations non institutionnelles de plus en plus sollicitées au niveau de l'expertise[13].

Ces pouvoirs ont leurs particularités et leurs faiblesses : certes, le Conseil européen apparaît de plus en plus comme l'institution d'arbitrage, de guidance politique, alors que le Conseil des ministres ne peut être supranational qu'en fonction du sujet traité ; la Commission représente le mieux ce principe de supranationalité, mais n'est pas l'expression d'une majorité politique, alors que le Parlement européen, même s'il détient les ferments d'un vrai parlement démocratique et fédéral (réunion des députés en fonction des appartenances politiques et non nationales), n'apparaît toujours pas comme un organe parfaitement libre et cohérent (procédures électorales différentes de pays à pays, élections sans enjeu de pouvoir direct, pratique courante des préaccords entre familles politiques). Par ailleurs, le débat autour du Traité constitutionnel européen a mis en avant le concept de « patrimoine constitutionnel européen ». Celui-ci consacrerait certains principes, comme la primauté de l'individu ou la force du principe d'égalité, transcendant tout autre type de différence entre les États membres de l'UE. Est-ce que le fait de transposer ces éléments peut favoriser le processus constituant ? Il est évident que tous les pays se retrouvent dans le régime parlementaire, mais il y a aussi des pratiques qui divergent : au sein des États, l'élection parlementaire devient élection au suffrage universel du Premier ministre ; or, au niveau de l'UE, il y a déconnexion entre élection et composition de la Commission. Tout cela peut aussi expliquer la désaffection des électeurs, d'autant plus que ce Parlement qu'ils élisent ne vote

12 Joseph H. H. Weiler, *The Constitution of Europe. « Do the New Clothes Have an Emperor ? » and other essays on European Integration*, Cambridge, Cambridge University Press, 1999, p. 12.

13 Paul H. Claeys, Corinne Gobin et Isabelle Smets, *Lobbyisme, pluralisme et intégration européenne*, Bruxelles, Institut d'études européennes, 1998.

ni l'impôt ni la loi, et qu'ils ne peuvent eux-mêmes être assimilés à un quelconque « pouvoir constituant » : pour cela, il faudrait qu'ils se projettent dans un « peuple européen » qui, suivant l'exemple historique français, se donnerait une constitution pour sanctionner l'existence et le vouloir-vivre ensemble d'une communauté préexistante. Les recherches actuelles sur l'identité collective présumée des Européens va dans ce sens, ou plus exactement dans cette recherche de sens, mais peuvent parfois donner l'impression d'une spéculation bien abstraite, ou d'une tautologie loin d'être désintéressée, d'autant plus que la définition de la citoyenneté européenne renvoie plus aux vérités du marché et à l'approche individualiste qu'à la communication politique et collective que sous-tend l'exercice citoyen. Toutefois, les réflexions autour du patriotisme constitutionnel ont ceci de positif qu'elles amènent à ne pas laisser de côté certaines réflexions simplement parce qu'elles ne seraient pas assez orthodoxes au regard de nos certitudes politiques : la notion de peuple, par exemple, ne peut pas toujours être définie comme une communauté dont l'unité et la volonté seraient prédéterminées, mais peut être le résultat de l'autodétermination d'une société civile qui veut se constituer comme unité politique, cette société civile européenne dont il est indéniable qu'elle se détermine par l'agir, et qui peut parfois faire la une de l'actualité, ou le quotidien de l'activité politique bruxelloise. Sans compter l'intervention d'événements extérieurs, qui modulent nos conceptions classiques, obligeant à les revisiter une par une : l'introduction de la monnaie européenne (essentielle pour repenser la souveraineté suivant Locke), ou, débat très actuel, la politique d'immigration et, par extension du droit d'asile, qui affectent des notions relatives à la souveraineté telles que citoyenneté, passeport ou frontières.

II. La citoyenneté à l'heure de l'Europe

A. Une histoire incertaine

Le concept de citoyenneté a une histoire. Un rapide aperçu de cette notion depuis l'Antiquité grecque démontre en soi que celle-ci n'est pas une réalité déterminée une fois pour toutes : appauvrie à l'époque romaine, où le citoyen perd en participation politique ce qu'il a gagné en défense de ses droits et libertés, ignorée pendant une grande partie du Moyen Âge, où s'impose le sujet, le citoyen est remis par la suite au cœur de la réflexion politique à partir des nombreuses analyses qui se font sur le thème de la souveraineté (Bodin, Hobbes), définissant certes une citoyenneté « passive » mais qui introduit en même temps peu à peu l'idée de contrat. C'est à partir de Locke que l'État est vu comme le dépositaire de la souveraineté du peuple et qu'on peut parler de citoyen « actif », alors que Rousseau fait émerger le concept de souveraineté populaire, qui s'oppose à l'idée de représentation et au pluralisme. Des développements plus libéraux sur les groupes sociaux en tant que corps intermédiaires, évitant le face-à-face avec l'État, sont également menés, tournant autour des concepts de décentralisation et de représentation (Althusius, Burke, Tocqueville). Cependant, 1789 consacre le triomphe de la souveraineté nationale, et non populaire : or, avec la souveraineté de l'Assemblée, le citoyen n'est plus un magistrat en puissance, ce qui en soi représente un déficit démocratique potentiel. La liberté qui en dérive est avant tout personnelle, et renforce un repli de l'individu sur la sphère privée. Parallèlement, au cours du XIXe siècle, la citoyenneté finit par converger avec la nationalité, comme le montre l'exemple français, où « [celle-ci] est passée du stade de simple agir politique à celui de référent identitaire »[14], tendance générale à tous les pays européens, ce qui explique l'échec des différentes tentatives de dissociation menées entre citoyenneté et nationalité (colonies, austro-marxisme, Commonwealth). Par la suite, les faits semblent démontrer l'incongruité, aux yeux des peuples, d'une citoyenneté autre que nationale. Doit-on dès lors conclure au bien-fondé des critiques pessimistes, ou espérer encore un avenir politique à la démocratie européenne ?

Selon Fritz Scharpf, une union européenne jouissant du soutien que les citoyens apportent à ses institutions n'est pas à l'ordre du jour[15] : seules les impulsions venant des politiques publiques pourront, selon lui, contribuer à réaliser une « gouvernance » de l'Europe : autant dire que le modèle démocratique, c'est-à-dire reposant sur les principes d'un gouvernement « par le peuple européen », s'éloigne imperceptiblement. Le « déficit civique », à l'œuvre actuellement dans l'Union européenne, de même que dans nos propres démocraties nationales, semble donner du crédit à cette thèse. Peut-on en effet dire que l'UE a été créée pour les citoyens ? En faisant cela, ne fait-on pas abstraction de ce qui a précédé l'UE pendant plus de 30 ans, c'est-à-dire la CEE ? Il est vrai que celle-ci a ignoré ou minimisé le concept de citoyenneté. C'est peut-être ce décalage dans le temps qui explique l'ampleur du déficit démocratique ressenti à partir de 1992, où brusquement certains ont pu défendre, à l'échelle européenne, la prééminence que devait avoir la volonté collective sur l'impulsion venue d'en haut, prise de conscience qui renvoyait à « l'invention » d'un citoyen européen et d'une approche civique commune directement liée au thème de l'identité européenne.

Une approche historique du problème de la citoyenneté à l'échelle européenne permet cependant de mesurer un progrès. Le point de départ est, on l'a vu, strictement économique, même s'il aurait pu être différent : il y a un foisonnement d'idées dès l'immédiat après-guerre (de

14 Elvire Fabry, *Qui a peur de la citoyenneté européenne ?*, Paris, PUF, 2005, p. 93.

15 Fritz Scharpf, *Gouverner l'Europe*, Paris, Presses de Sciences Po, 2000.

l'Union européenne des fédéralistes à l'Union parlementaire européenne), qui proposaient pour beaucoup la construction d'une Europe politique, où le problème de la démocratie était jugé à l'aune de l'ensemble projeté, et non à celle des États participant à l'aventure[16]. Ce bouillonnement d'idées, aujourd'hui injustement oublié, s'est brusquement éteint avec l'échec de la Communauté européenne de défense (30 août 1954), par lequel les partis politiques, mais également les opinions publiques ont démontré leur manque d'enthousiasme et de passion pour l'idée européenne. C'est aussi ce manque de soutien qui explique que le volet économique a repris le dessus, à partir de la relance européenne qui allait aboutir à la création de la CEE. Pour toutes ces raisons, la citoyenneté européenne passe clairement au second plan des préoccupations, maintenue dans un flou conceptuel qui arrange beaucoup de monde, où l'Europe politique se limite à la portion congrue, avec des institutions par essence démocratiques qui sont sans pouvoir (Parlement européen), au profit d'autres, plus tournées vers l'expertise (Commission) : cet état de fait aboutit effectivement à la prépondérance du rôle pris par l'administration, aux dépens du politique, et est la consécration de la méthode de « l'engrenage » que sous-tend la construction européenne. Certes, le thème de la citoyenneté européenne émerge dans les années 1970, mais reste élitiste ; les tentatives de créer « l'homo europeus », qui culminent avec les rapports Spinelli (1984) et Adonnino (1985) ne changent pas grand-chose à l'affaire : c'est la libre circulation des personnes qui est consacrée avant tout par l'article 8 A de l'Acte unique, citoyenneté « de Marché commun » qui concerne exclusivement les travailleurs, sans prolongement politique. C'est en juin 1990, à Dublin, que la question de la citoyenneté européenne est enfin posée en termes d'action effective, avec l'idée de renforcer le contrôle démocratique sur les institutions communautaires. Le résultat, consacré dans le Traité de Maastricht, est hybride mais intéressant, en particulier grâce à l'article 8 E qui fait de la citoyenneté un concept évolutif appelé à se développer.

B. La situation présente

Ainsi, la citoyenneté est restée pendant longtemps le parent pauvre de l'Europe, reflet d'une « société civile » absente, passive, mal représentée à l'échelon communautaire. Cette situation de déficit civique est réellement dramatique, alors que l'Europe est passée au début des années 1990 à une phase d'intégration positive qui nécessiterait encore plus une adhésion collective, donc démocratique, au projet communautaire face aux turbulences de la mondialisation. Or, le paradoxe de l'Europe s'impose une nouvelle fois : c'est une idée généreuse, immé-

[16] Bertrand Vayssière, *Vers une Europe fédérale ?*, Bruxelles, PIE Peter Lang, 2007.

diatement consensuelle sur certains points (en particulier dans le domaine économique), mais elle relève avant tout et depuis toujours du souci des élites. La difficulté de séduire les opinions est ici plus forte, car le message volontariste associé à l'idée européenne est confronté au poids des mentalités : tous les prétextes ont donc été bons pour remettre à plus tard un effort pédagogique, ce qui démontre bien que cet état antidémocratique que l'on reproche à l'Europe est aussi le résultat d'une politique intentionnelle, visant à faire taire les préjugés culturels qui auraient pu être un frein à l'intégration, intention délibérément non démocratique de contournement des peuples.

Cet état de fait explique la difficulté de projeter la citoyenneté au niveau européen, où elle reste un objet politique non identifié : il n'existe pas de nationalité européenne décrétée par le Traité de l'Union européenne. La question se pose néanmoins, à mesure que cette même UE adopte des politiques qui interfèrent dans la vie quotidienne de ses membres : avec le principe de réciprocité, l'octroi de droits qui ne peuvent qu'avoir des répercussions sur les différents codes de la nationalité, quelle superposition est possible entre l'ordre national et l'ordre européen ?

L'analyse de la citoyenneté telle qu'elle a été proposée par le Traité de Maastricht est révélatrice. L'ensemble des droits concerne essentiellement les migrants intracommunautaires, ce qui en soi ne représente pas une grande nouveauté : pour la plupart, il ne s'agit pas de droits politiques liés à un système démocratique, car ils consacrent une individualisation des comportements sociaux et politiques sans logique fédérative (protection consulaire, pétition et médiateur), encourageant essentiellement les représentations catégorielles (lobbies), et par là même une logique corporatiste. Le fait est que les citoyens n'ont pas de moyen d'infléchir la législation européenne, mais la simple possibilité de défendre leurs intérêts. L'exemple du droit de vote aux municipales pour tous les ressortissants communautaires est assez parlant : il s'agit d'une fonction avant tout sociale, d'une communauté d'intérêts plus « nationale » qu'européenne, dans des élections où la participation reste faible. En ce qui concerne l'élection du Parlement européen, les débats auxquels elle donne lieu demeurent centrés sur des enjeux de politique intérieure, marqués par une juxtaposition d'élections nationales (pas d'uniformisation de la procédure électorale, pas de partis politiques européens permettant une « socialisation politique » malgré l'article 138 A, défauts de la circonscription nationale unique). Au final, on peut dire que la citoyenneté européenne concerne peu de monde : on parle ainsi à juste titre d'un « patchwork » de droits consacrant le triomphe de la loi privée pour seulement 5,5 millions de personnes, soit moins de 1,5 % des ressortissants communautaires. Ainsi, Maastricht a évoqué une vie politique transnationale sans que celle-ci ait les moyens d'exister (coquilles vides du Comité économique et social et du Comité des Régions), d'autant plus qu'il faut compter avec la force des spécificités nationales concernant la participation des citoyens, qui varie suivant les pays (les élections municipales représentent ainsi un enjeu bien plus important en Allemagne qu'en Grande-Bretagne), les histoires (conceptions française et allemande de la nation), et les spécificités de la pratique démocratique (exemple de l'article L 280 du Code électoral français qui établit un lien entre élections municipales et sénatoriales par le suffrage indirect, ce qui amène une discrimination puisque les étrangers ne peuvent pas être « grands électeurs »). Tout cela a des répercussions sur la soi-disant égalité entre citoyens européens, comme le montre la discrimination basée sur la longueur des critères de résidence pour obtenir le droit de vote aux élections municipales, et qui, c'est inquiétant, concerne essentiellement les pays fondateurs. Comment ne pas douter alors de la volonté de faire avancer cette citoyenneté ? De manière classique, on a essayé de démocratiser l'Europe en lui injectant plus de parlementarisme, mais on est loin du but, et de toute façon la question de la représentativité n'est pas réglée pour autant : rien n'a été fait pour l'espace civique européen, si ce n'est la loi du 4 novembre 2003 sur les partis politiques européens.

C. Constats pour l'avenir

Est-ce une situation désespérée ? Le faible nombre d'étrangers éligibles ou élus prouve que la citoyenneté européenne reste « confidentielle » ; l'abstentionnisme démontre un sentiment d'éloignement inquiétant, d'autant plus que la majorité des Européens ont l'impression que le vote, dans ce cas précis, ne sert à rien. Le problème sera-t-il réglé si la Commission s'engage vers plus de lisibilité ? C'est surtout l'atonie des enjeux électoraux européens qui fait que l'échelon communautaire reste vague, impalpable : l'absence de visibilité, de notoriété des hommes politiques qui s'engagent pour l'Europe se mêle au déficit d'offre en ce qui concerne la couverture médiatique des institutions européennes, qui reste liée à une audience confidentielle (Arte, Euronews). La solution consisterait-elle à se tourner vers d'autres formes d'expression que la participation électorale ? C'est faire preuve d'une confiance excessive dans la conscience politique des masses, ainsi que dans le contenu des différentes représentations sociales attachées à l'Europe, présageant d'une « eurosphère » qui fait peu de cas de l'élitisme réel (et pourtant démontré) de l'idée européenne : cette dénégation du processus électif au profit de réseaux associatifs transnationaux, ce « fédéralisme sociétal en avance sur les institutions »[17] est en soit trop

---

[17] Elvire Fabry, *op. cit.*, p. 314.

angélique, voire ambigu : en quoi ce détournement des formes conventionnelles se différencie-t-il de celui qui est traditionnellement associé aux lobbyings ? Le mouvement qui devrait encadrer une prise de conscience générale et commune reste élitiste, marqué par des différences très fortes d'influence d'un pays à l'autre, à tel point que l'on ne peut pas parler d'un « républicanisme européen ». Il s'agit plus humblement que soit enfin formalisé le contact politique entre les autorités européennes et les associations, ce que le Livre blanc sur la gouvernance du 25 juillet 2001 a évoqué, permettant d'imaginer un dialogue plus officiel et constructif au sein d'une esquisse d'espace public. Ce thème de la gouvernance est trop peu étudié, et c'est dommage, car il éclaire la remise en question d'une certaine idée de la politique : d'une activité verticale de commandement à des schémas plus horizontaux et transversaux, où le pouvoir est diffus et diffusé entre un grand nombre d'acteurs. Cette thématique typiquement européenne est intéressante dans l'optique du sujet, puisqu'elle met en avant une politique repensée à partir des individus et de leur participation plus active à la prise en charge de leur existence collective. Le thème, évidemment, est à juger avec précaution, tant il a encore pour charge de cacher la dévaluation de l'État ressentie dans tous nos pays, ainsi que l'absence d'un véritable pouvoir politique européen de substitution.

Au final, le dialogue avec les citoyens est plus que jamais nécessaire, comme le montre l'exemple malheureux du fait accompli de l'élargissement, où beaucoup se sont sentis floués, mais surtout l'échec du Traité constitutionnel européen. Cette prise en compte de la volonté collective, même et surtout lorsqu'elle doit se heurter aux impulsions communautaires, fera avancer l'intégration politique par la prise en compte de la réalité sociale, faite d'Européens. Il faut pour cela qu'une participation à l'élaboration de la loi leur soit reconnue, en donnant enfin au Parlement des pouvoirs dignes d'une arène publique, meilleur moyen pour lutter contre une « logique des bénéfices »[18] qui ne sert pas le projet communautaire. Penser l'Europe à l'échelle citoyenne, c'est d'abord et avant tout évoquer une communauté de valeurs et de références dont le but est de bâtir une démocratie qui légitime les institutions de l'Union, et dont la leçon est qu'il est possible de désunir référence politique et appartenance culturelle. C'est dire que, malgré un volontarisme qui ne s'explique que par le retard pris en la matière, le chemin sera long et difficile !

---

18 *Ibid.*, p. 362.

III. Des valeurs communes, socle d'une citoyenneté européenne

A. Un grand homme pour l'Europe ?

L'histoire scientifique peut-elle considérer qu'un individu, vivant ou mort, puisse avoir une place de passeur dans la conscience collective ? Les Annales et l'école braudélienne l'ont nié, minorant même ostensiblement la figure politique, phénomène sans valeur à leurs yeux face à la force et la pesanteur des structures sociales, matérielles et surtout mentales. Aujourd'hui au contraire, la communauté historienne considère qu'un individu puisse être un médiateur, et éventuellement un accélérateur au sein de la société dans laquelle il vit et agit : les cheminements de deux adeptes de la « Nouvelle Histoire », Philippe Joutard et Jacques Le Goff, illustrent cette évolution[19]. La mémoire du grand homme est exemplaire pour une communauté dont il devient le référent, symbole et modèle à la fois : son accès à la postérité s'impose comme une évidence pour cette communauté qui se reconnaît en lui, évidence basée autour d'un consensus autour de l'œuvre accomplie, invitant chacun et tous à la poursuivre. C'est ainsi que la quête des grands hommes est devenue un enjeu de taille pour l'Union européenne, surtout depuis le virage imprimé par la chute du mur de Berlin, qui a entraîné une attente populaire de finalités politiques au projet communautaire. Se chercher des symboles communs, parmi lesquels des « grands hommes », se révèle vital pour l'affirmation d'une citoyenneté mise en doute, ou mise en demeure d'exister, dans les remous de l'après-guerre froide. Or, toute identité collective passe par l'interprétation commune de l'histoire se renforçant grâce à des souvenirs entretenus, ou parfois refoulés, à travers des figures ou des lieux symboles. L'organisation des souvenirs et des oublis devrait dès lors également conditionner l'existence d'une citoyenneté qualifiée d'européenne, aiguillonnée par les défis de ce dernier demi-siècle.

Peut-on distinguer des héros « européens » ? Outre le fait que cette entité reste à apparaître pour les pessimistes, à parfaire pour les optimistes, on doit considérer qu'un héros l'est parce que son action et sa vie sont reliées à un miracle ou à une prouesse, quelque chose de surnaturel ou d'épique que pas un seul observateur un tant soit peu objectif ne peut reconnaître, ou du moins pas encore, à la construction européenne. Cette dernière peut tout juste compter sur des « Pères », dont la tranquille figure, consensuelle et « bourgeoise », tranche sur celles des

---

[19] Jacques Le Goff, *Saint Louis*, Paris, Gallimard, 1995. Quant à Philippe Joutard, il est à l'origine d'une enquête menée en 1999 par l'institut de sondage CSA sur le thème des « grands hommes de la France », publiée depuis : Philippe Joutard et Jean-Noël Jeanneney, *Du bon usage des grands hommes en Europe*, Paris, Perrin, 2003.

farouches guerriers et vierges, des saintes et saints en guenilles ou en armes, dont les différentes nations européennes cultivent le souvenir. Doit-on le regretter ? Le projet européen se présente d'abord, dans son essence, et surtout dans son contexte d'apparition, comme une négation de la guerre et de l'idée de puissance, sans compter le fait qu'il se veut pluriculturel et supranational. C'est donc d'abord une œuvre de raison qui, par définition, écarte les miracles, se méfie des héros et cherche à fixer les principes d'une paix perpétuelle. C'est pourquoi, plutôt que de héros, nous préférons parler de « grands hommes », qui ont l'avantage d'incarner une valeur universelle qui n'est pas celle de tous les héros, sous-tendent l'idée de sagesse qui jure avec l'éclat des grandes épopées guerrières, et peuvent donc passer pour exemplaires, tout en n'étant pas forcément liés à une origine spécifique.

Oui, mais peut-on trouver de tels exemples à l'échelle de la société européenne, présentée ou espérée comme celle de l'avenir ?

B. Les « Pères de l'Europe » comme modèles citoyens ?

La recherche d'exemplarité (au sens premier du terme) est en effet évidente dans la célébration du mythe des Pères de l'Europe, et ce depuis qu'il y a une historiographie de la construction européenne. Cette dernière a été faite par ceux-là mêmes qui ont accompagné ou soutenu ses premiers pas, tels que l'ancien militant fédéraliste et président du Collège de Bruges, le Néerlandais Henri Brugmans, ou l'Allemand Walter Lipgens, premier titulaire de la chaire d'histoire de l'intégration européenne à l'Institut universitaire européen de Florence (1976-1979)[20], dont les ouvrages ont longtemps fait autorité. Ces auteurs ont forgé une interprétation fédéraliste des processus communautaires, et une lecture généalogiste de l'intégration dont le feu vert est donné par l'année 1950, et le coup de pouce par les « Pères de l'Europe ». On découvre ainsi dans la jeunesse des intéressés un « européisme », une intention globale de créer des étapes jusqu'à la consécration de cet européisme. Cela passe souvent par une orchestration de destins en fonction d'une thèse et d'une cause, flagrante par exemple dans le cas de Robert Schuman du fait d'une certaine histoire « engagée » le concernant (on pense bien évidemment au processus en cours de béatification dont il fait l'objet)[21], imaginant pour Scy-Chazelles (son « refuge » en Moselle, celui où il

---

[20] Henri Brugmans, *L'idée européenne, 1918-1970*, Bruges, de Tempel, 1970 ; Walter Lipgens, *A History of European Integration*, Oxford, Clarendon Press, 1982.

[21] Voir l'œuvre du « demandeur » de cette béatification, René Lejeune, en particulier ces derniers livres au titre évocateur, tels que : *Robert Schuman, père de l'Europe : la politique, chemin de sainteté*, Paris, Fayard, 2000, ou *Robert Schuman. Homme d'État, citoyen du Ciel*, Paris, François-Xavier de Guibert, 2006.

s'est décidé à soutenir le Pool Charbon-Acier, et celui où il est mort) une fonction de lieu de pèlerinage.

Le terme « grands hommes de l'Europe », qui d'ailleurs n'a pas le même sens dans tous les pays du Vieux continent, renvoie à de grandes figures nationales qui pourraient rejoindre un Panthéon à venir, où reposeraient les « fondateurs », « architectes » ou « pionniers » d'une nation en formation : la perspective est téléologique, quasi linéaire, avec comme aboutissement le mythe des Pères de l'Europe. Concrètement, l'idéal type de l'« homme européen », dont ces Pères seraient le prototype, renvoie à celui de « l'homme des frontières », voire, et c'est induit, « sans frontières ». Peut-on, du point de vue de l'histoire, donner foi à une telle sociabilité, à une telle « pré »-disposition à l'ouverture de la part des frontaliers en Europe ? De fait, cette histoire de la « génération spontanée » des Pères de l'Europe sert d'abord à faire oublier l'histoire de l'Europe elle-même, qui jusqu'à eux était d'abord faite de conflits[22]. La première sert donc cette approche vitaliste baignant dans l'esprit de la Résistance, et aboutissant à l'acte fondateur par excellence que fut la proposition Schuman du 9 mai 1950, « le jour où l'Europe est née »[23].

La représentation des discours officiels peut-elle atténuer une réalité pétrie de désaccords et de conflits d'intérêts, et faire de cette idée d'une Europe « née une seconde fois » en 1945 une pensée crédible pour le plus grand nombre ? La polémique suscitée par l'éventuelle reconnaissance d'un héritage chrétien dans la future Constitution européenne révèle les difficultés liées à toute intervention politique dans le domaine de la mémoire[24]. Comment faire naître un « peuple européen » ? Les États nations ont du passer par des étapes où la violence (expulsion ou élimination de minorités) et la contrainte (pédagogie de masse) se sont révélées créatrices[25]. Ces deux moyens ne peuvent être ceux de l'Europe. À l'heure où les choix citoyens reposent sur l'individu et le

---

[22] Le concept de « génération européenne », avancé par Élisabeth du Réau dans « L'Europe du déclin à la reconstruction : d'un après-guerre à l'autre », in Jean Vanwenkenhuyzen, *Les Tumultes d'un Siècle*, Bruxelles, Complexe, 2000, p. 88, nous paraît ainsi bien illusoire.

[23] Pieter Lagrou remet en question l'aspect fondateur de la Résistance en matière européenne, tel que l'a célébré Walter Lipgens, en particulier dans « La Résistance et les conceptions de l'Europe (1945-1965) : anciens résistants et victimes de la persécution face à la guerre froide, au problème allemand et à l'intégration européenne », in Robert Frank et Antoine Fleury (dir.), *Le rôle des guerres dans la mémoire des Européens*, Berne, Peter Lang, 1997, p. 140.

[24] René Rémond, « L'héritage chrétien de l'Europe : retour sur une controverse historique », *Vingtième Siècle*, n° 95, juillet-septembre 2007, pp. 143-150.

[25] Suzanne Citron, *Le mythe national : l'histoire de France revisitée*, Paris, Les Éditions Ouvrières, 1989 ; Anne-Marie Thiesse, *La création des identités nationales*, Paris, Seuil, 1999.

consentement, seule l'interprétation de l'histoire peut se révéler aussi fédératrice que les efforts et les sacrifices autrefois, à partir du moment où elle parvient à désigner un passé commun, où deuils et progrès sont partagés par-delà les frontières.

Cette approche volontariste n'est pas complètement utopique, sinon comment le rapprochement franco-allemand aurait-il pu être fait ? Parti de prémisses politiques, celui-ci s'est appuyé sur un discours radicalement nouveau concernant l'image du partenaire. La construction européenne, en tant que conséquence fatale, bien qu'heureuse, des déchirements de ces deux pays, laisse de côté le discours stéréotypé d'autrefois, passant par l'héroïsation d'un des deux peuples, naturellement prolongée et justifiée par la diabolisation de l'autre. Or, la compréhension mutuelle, qui s'inscrit dans le chaos et le désastre ressentis comme communs par l'Allemagne et par la France, est véhiculée par le système éducatif des deux pays, délaissant la stigmatisation systématique de l'Autre qui fut la marque pédagogique du siècle précédent[26]. Cette approche renouvelée s'inscrit dans la valorisation d'un substrat culturel reconnu comme similaire, et se sublime en une souffrance qui ne peut être que collective. Depuis la proposition Schuman de 1950, en passant par le traité de l'Élysée de 1963, la haute politique encourage ce mouvement en servant de tribune réconciliatrice, comme ce fut le cas à l'occasion de la célèbre cérémonie commémorative de Verdun, le 22 septembre 1984, où François Mitterrand et Helmut Kohl ont juré de conserve que la France et la République d'Allemagne avaient tiré les leçons de l'histoire, souhaitant se montrer les dignes « héritiers d'une grande tradition européenne ».

C. Une portée limitée

Gare cependant à ne pas surinterpréter un passé d'une façon trop mécanique par les vertus de la « commémoration convenue » (Paul Ricœur), en oubliant que l'histoire n'est pas qu'un simple baume apaisant. Le récit aseptisé, qui est souvent le fruit d'une approche par trop politique du passé, colle mal à la réalité multiple de l'Europe, et se présente comme un consensus mou dans lequel aucun Européen ne se reconnaît, car trop axé sur le « réconciliationnisme » entre les peuples. Ce passé aseptisé est celui qui, à l'image de la construction européenne, force le

26 Corine Defrance et Ulrich Pfeil, « Au service du rapprochement franco-allemand. Dialogue d'historiens de part et d'autre du Rhin », in Georges Mink et Laure Neumayer, *L'Europe et ses passés douloureux*, Paris, La Découverte, 2007, pp. 91-103.

regard vers le futur, noyant l'ensemble de l'histoire dans un enfer global à ne pas rééditer, et remplaçant la réflexion par la morale[27].

En France, diverses tentatives officielles sont allées dans le sens d'une réinterprétation d'un passé jugé trop polémique à l'aune des réalisations du présent et de celles, encore plus prometteuses, de l'avenir. C'est ainsi que le président Giscard d'Estaing a souhaité neutraliser la charge émotive du 8 mai en en faisant un jour comme un autre dans le calendrier de son septennat. Les réactions furent très virulentes, aussi bien de la part des communistes, qui se réclamaient de leurs « fusillés », que de la part des gaullistes, qui n'oubliaient pas ce qui a confirmé l'acte de baptême politique de leur grand homme. C'est Mitterrand lui-même qui est revenu sur ce geste « européen », mal compris des Français. Le même Mitterrand, après le rapprochement spectaculaire de ses septennats en direction de la RFA, à travers la commémoration franco-allemande de Verdun, l'alignement (il est vrai de mauvaise grâce) du franc sur le SME, ou la création de l'Eurocorps, en passant par le défilé « européen » à l'occasion du 14 juillet 1989, va pourtant trop loin aux yeux de l'opinion, dans son dernier discours au Reichstag, le 8 mai 1995, lorsqu'il essaie de relativiser les différences entre combattants de la Seconde Guerre mondiale :

> Je ne suis pas venu ici célébrer la victoire dont je me suis réjoui pour mon pays en 1945. Je ne suis pas venu souligner une défaite, parce que j'ai su ce qu'il y avait de fort dans le peuple allemand, ses vertus, son courage – et peu importe son uniforme, et même l'idéologie qui habitait l'esprit de ces soldats qui allaient mourir en si grand nombre. Ils étaient courageux. Ils acceptaient la perte de leur vie. Pour une cause mauvaise, mais leur geste n'avait rien à voir avec cela. Il faut s'en rendre compte[28].

Les réactions ont été très vives, notamment du côté français. La polémique n'est pas forcément moins forte avec le recul, comme l'a constaté à ses dépens, à l'occasion du 80e anniversaire de l'armistice du 11 novembre 1918, Jacques Chirac, qui insistait alors sur la nécessité de célébrer « l'histoire commune des nations combattantes », suscitant lui aussi de très vives réactions[29].

---

[27] Bertrand Vayssière, « La construction européenne, un objet d'avenir... et de passé ? Des limites du volontarisme en histoire », in Bertrand Vayssière (dir.), *Reflets de la construction européenne. Réflexions, références et refus du débat sur l'Europe*, Bruxelles, PIE Peter Lang, 2012, pp. 99-120.

[28] Larges extraits du discours sur le Net au lien http://www.humanite.fr/1995-05-10_Articles_-Le-courage-des-soldats-allemands.

[29] Voir Valérie Rosoux, « La réconciliation franco-allemande : crédibilité et exemplarité d'un "couple à toute épreuve" ? », texte intégral sur http://chrhc.revues.org/index623.html.

Il s'agit de ne pas oublier que les mémoires nationales sont des récits constitutifs, sur lesquels se sont fondées des communautés particulières, qui ne peuvent du jour au lendemain oublier ce qui a forgé leur identité, à base de célébrations et de stigmatisations bien souvent incompatibles entre elles. La volonté politique ne peut effacer ces mémoires, dont les traces restent profondes, suffisamment pour être en désaccord avec le discours officiel de l'Europe, éternel décalage entre le temps long des mentalités et celui, plus nerveux, de l'actualité politique. Dès lors, on voit la difficulté d'élaborer les fondements d'une mémoire commune à toute l'Europe, dans une unité narratrice porteuse de sens pour l'ensemble d'une communauté dont les contours restent à établir, aussi bien politiquement que psychologiquement. La citoyenneté est aussi à ce prix-là…

Conclusion

Face à l'imprécision des fondements normatifs de l'UE, un renouvellement des catégories classiques de la pensée politique semble nécessaire pour enfin donner une forme, si ce n'est un visage, au plus célèbre « OPNI » contemporain. Le travail des hommes a été de démontrer que le cadre politique échappait à la causalité divine ou aux déterminations naturelles, et que la construction du principe de citoyenneté était une construction volontaire d'un monde où les hommes sont souverains. C'est la permanence de la souveraineté suivant les traits historiques classiques qui semble ici en jeu, justifiant un renouvellement de la pensée (qu'une certaine historicité bien-pensante refuse et réfute), tant la pratique, tributaire de conditions politiques et sociales sans cesse renouvelées, justifie une révision de la théorie. C'est bien ce vers quoi tend la thèse des partisans du patriotisme constitutionnel[30], pour lesquels les principes mêmes d'appartenance ne relèvent pas de la parenté géographique ou de la proximité culturelle, mais s'appuient sur la reconnaissance commune de bases constitutionnelles.

Qu'est devenu l'État européen ? Le débat reste ouvert, et l'on peut signaler les principales tendances : certains parlent d'un « dépassement de l'État-nation » par la force des intérêts transnationaux, des pouvoirs locaux infranationaux, de la mondialisation procédant à la « déterritorialisation » de l'espace, contribuant par là même à l'effacement d'un des principaux atouts de la souveraineté[31] ; d'autres estiment qu'on devrait plutôt parler de relance de l'État européen (Alan Milward), qui a profité

---

[30] Au premier rang Jürgen Habermas, notamment dans *Après l'État-nation. Une nouvelle constellation politique*, Paris, Fayard, 2000.

[31] Voir à ce propos le chef de file du courant *hyperglobalizer* Kenichi Ohmae, notamment *The Borderless World*, London, William Collins, 1990, et *The End of the Nation-State : The Rise of Regional Economies*, New York, The Free Press, 1995.

du Marché commun et n'a pas lâché certaines prérogatives essentielles telles que la diffusion de l'information, la sécurité sociale (et la fiscalité qui va avec), la sécurité externe comme interne ; une troisième approche estime que l'État souverain classique a vécu : une souveraineté apprivoisée par les traités, un choix conscient pour l'Europe (notamment économique), le poids du droit européen dans le processus d'intégration permettraient de parler d'un constitutionnalisme européen « implicite » des traités[32].

Le traité constitutionnel et sa triste aventure sont cependant éclairants, et la leçon est en demi-teinte : en toute fin, la démocratie reste « nationale » pour nombre d'entre nous, et le « non » majoritaire est une réponse cinglante au rêve non exprimé d'État européen que sous-tend l'idée de constitution européenne. Cela dit, on ne peut s'empêcher d'évoquer les premières formes embryonnaires d'un cadre politique et social dépassant les frontières, que cette attitude négative n'arrive pas à masquer : certains mouvements de fond semblent annoncer un vrai paysage politique européen (succession de cycles politiques de plus en plus concomitants, espace public européen), dessinant une démocratisation transnationale qui devrait être un ferment d'identité politique pour l'Europe et les Européens[33]. Le cheminement peut ainsi être long, mais fructueux, avant que d'aboutir à « apprivoiser »[34] la citoyenneté, telle qu'elle a été historiquement comprise, à l'échelle européenne.

---

[32] Qui dérive de la demande faite par le Parlement européen de préconiser « l'amorce d'un processus de hiérarchisation des textes devant conduire à l'élaboration d'une constitution pour l'Europe », « Résolution du Parlement européen sur la constitutionnalisation des traités », adoptée le 25 octobre 2000 (JOC 197 du 12 juillet 2001).

[33] Thèse défendue par Hartmut Kaelble, par exemple dans *Les chemins de la démocratie européenne*, Paris, Belin, 2005.

[34] Pour reprendre l'expression de Paul Magnette, in *L'Europe, l'État et la démocratie. Le souverain apprivoisé*, Bruxelles, Complexe, 2000.

L'Université toulousaine et l'Europe à la veille du traité de Rome

Caroline BARRERA

Maître de conférences en Histoire contemporaine, Université de Toulouse – CUFR Champollion – Laboratoire FRAMESPA

L'objectif de cet article est d'apporter quelques repères sur la construction de la citoyenneté européenne au sein des élites provinciales françaises dans les années charnières qui précèdent la signature du traité de Rome en 1957. Nous le ferons à travers un point d'observation privilégié, celui de l'université toulousaine, c'est-à-dire l'une des principales universités d'Europe.

Ce lieu d'observation a été choisi pour plusieurs raisons. La première, c'est que les universités, et parmi elles celle de Toulouse fondée en 1229, sont une invention européenne. Elles ont, dès leur origine, contribué grandement à l'unité culturelle des élites intellectuelles du continent par l'emploi d'une langue commune, le latin, par une organisation assez similaire des enseignements et par une relative autonomie. Il faut souligner ensuite qu'à partir du XIXe siècle, bien que l'on assiste à une nationalisation de l'enseignement supérieur, chaque grand pays développant son système propre, la vie européenne des universités ne s'arrête pas. Elle s'accroît au contraire de façon considérable et leurs différentes facultés continuent à construire des « ponts à travers l'Europe »[1]. Enfin, l'université est une institution qui est susceptible de produire du contenu sur l'Europe par le biais des travaux scientifiques, de le diffuser par les cours et de favoriser une pratique de l'Europe. Nous parlons donc d'un espace qui a la capacité institutionnelle, scientifique et humaine de proposer un environnement différent de celui qui se trouve hors de son enceinte à des étudiants et à des enseignants qui sont

[1] On doit cette expression au livre de Harmut Rüdiger Peter & de Natalia Tikhonov, *Les universités : des ponts à travers l'Europe*, Frankfurt am Main, Peter Lang, 2003, 338 p.

censés devenir des prescripteurs d'opinion, c'est-à-dire aptes à travailler à une autre citoyenneté que la citoyenneté nationale.

Cette citoyenneté européenne n'est pas encore, à la veille du traité de Rome, juridique mais simplement culturelle et académique, ce qui a des conséquences sur les temporalités prises en compte. Même si l'on ne prend en compte ici que des élites, ce qui nous évite d'entrer dans l'épineux débat sur « l'identité européenne », on est bien dans l'histoire des mentalités. On est donc confronté à des temporalités académiques et politiques qui ne concordent pas forcément, même si elles font sens sur le long terme. Dans le prisme qui nous est proposé, c'est donc le mot de construction qui est essentiel. Nous aborderons donc la construction d'une citoyenneté européenne par ce que l'on peut appeler « l'immersion académique » en étudiant à la fois les potentialités du dispositif universitaire et leur activation effective.

Il s'agira ici de repérer tout d'abord, à un moment clef de l'enclenchement du processus européen, les éléments culturels et académiques favorables à la construction d'une citoyenneté européenne au sein de l'université ; les concordances ou les discordances entre les temporalités culturelles et académiques et les temporalités politiques et l'activation effective des potentialités universitaires. Il s'agira ensuite de s'interroger sur deux points particuliers et tout d'abord sur le niveau d'implication des élites provinciales dans ce processus. Est-ce que la construction institutionnelle est le résultat d'une citoyenneté culturelle européenne déjà bien avancée ou est-ce que c'est la construction institutionnelle qui aura plus tard un effet sur cette citoyenneté culturelle ? On sait combien, dans le cas des États-nations, la mise en forme intellectuelle, artistique, mythologique a été importante, voire a précédé les nations. Nous réfléchirons ensuite à ce que nous appelons les « effets secondaires » des politiques culturelles et académiques en examinant la thèse qu'avant le traité de Rome, ce seraient encore les relations bilatérales, motivées par des objectifs nationaux, qui auraient été parmi les moteurs principaux de la construction de cette citoyenneté européenne à venir.

Nous étudierons ces questions en nous gardant de tout téléologisme à travers deux garde-fous classiques, l'un est méthodologique puisque nous utiliserons la méthode quantitative à chaque fois que cela est possible ; l'autre est historique en confrontant l'Europe d'avant 1957 à la force de son contexte d'alors, c'est-à-dire à d'autres entités contemporaines, entités politiques comme les États-nations ou l'Empire, entités culturelles, comme les espaces linguistiques (de langue française, de langue latine).

Pesée générale & relations institutionnelles

Si l'on s'en tient à une pesée globale, comprenant tous les types de relations internationales, à l'exception des échanges étudiants, l'année 1956-1957 a concentré 77,7 % de ses relations avec l'étranger à un pays européen, devant le continent américain (15 %), l'Empire (5 %) et l'Asie. Cette pesée prend en compte tous les types de relations, sans distinction de leur valeur quantitative qu'ont entretenu les facultés et leurs instituts techniques (qui depuis quelques années ont pris leur indépendance, par rapport aux facultés, pour devenir des écoles d'ingénieurs nationales), à l'exception des échanges étudiants.

De quels pays s'agit-il ? Celui qui entretient les plus fortes relations avec l'université toulousaine est l'Espagne, pays voisin avec lequel l'université toulousaine noue des relations privilégiées, devant la Belgique et les Pays-Bas, pays plus éloignés.

Les relations de l'Université toulousaine avec les pays européens en 1956-57 (hors échanges étudiants)

Pays européens	%
Espagne	23,5 %
Belgique	20,1 %
Pays-Bas	14,2 %
Portugal	13,4 %
Italie	8,4 %
Suisse	5,8 %
Royaume-Uni	3,3 %
Pologne	2,5 %
Suède	1,6 %
Yougoslavie	1,6 %
Bulgarie	1,6 %
Divers	4 %

Dans la décennie précédant la signature du Traité de Rome, l'université toulousaine a plusieurs projections institutionnelles en dehors de ses murs. L'une est en train de vivre ses dernières heures, il s'agit du Centre d'études juridiques de Rabat (1927-1957), émanation de la faculté de Droit. Notons sur la question de l'Empire que les Toulousains, à l'exemple d'Henri Gaussens (1891-1981) à l'Institut français de Pondichéry créé en 1955, sont fortement engagés à. Mais les plus importantes et les plus anciennes projections institutionnelles concernent la péninsule ibérique. Il s'agit de l'Institut français de Madrid créé en 1909 avec la faculté des Lettres de Bordeaux, par Ernest Mérimée, de l'Institut français du Portugal fondé en 1927 et des cours de Burgos fondés en 1908 et dirigé, dans la période qui nous intéresse, par la troisième génération de la famille du fondateur, Paul Mérimée. Ces trois structures dépendent de l'université de Toulouse et déploient une activité considérable. Ils dispensent des cours pour les étudiants français qui préparent les concours ou des licences de lettres en espagnol, des cours de français pour les Espagnols et animent une vie culturelle importante, par le biais de conférences, d'expositions, de bibliothèques, de cercles, etc. Ainsi en 1956-57, les seuls cours du soir de langue française à l'Institut français de Barcelone accueillent 1 761 élèves. Au moment du cinquantenaire des cours de vacances de Burgos, en 1958, il y a 483 élèves dont 334 étrangers, parmi lesquels 155 Espagnols[2].

L'action des Instituts français dans laquelle est engagée l'université est clairement nationale. Elle vise d'abord et avant tout à développer l'influence de la France dans la péninsule contre l'influence allemande, anglaise ou italienne. La stratégie choisie est celle de la « diplomatie de la langue », qui considère que le meilleur vecteur d'influence, c'est la langue française. Toute l'action culturelle des Instituts en découle, les cours de langues, les conférences, les expositions, les débats sont considérés comme des auxiliaires de la langue. Or on peut affirmer que cette concurrence nationale joue bien en faveur de l'Europe. D'une part, parce que cette diplomatie culturelle à visée nationale par stratégie (du côté des diplomates) ou par sincère intérêt scientifique (du côté des universitaires) joue la carte de la réciprocité en offrant à côté des cours de français, des cours de langue ou de civilisation du pays partenaire. C'est le cas de l'espagnol à Burgos ; c'est également le cas des leçons d'anglais dans les cours de vacances organisés à Pau dans le même esprit qu'à Burgos. D'autre part, parce que l'université de Toulouse est engagée dans une compétition académique et culturelle contre les autres grands pays européens. Cette compétition a pour conséquence de faire bénéficier l'Espagne de la présence sur son sol d'autres cultures européennes. Ainsi, l'Institut français de Lisbonne qui s'occupe des cours de français à la faculté des Lettres de la ville et participe à la licence ès philologie romane (français, portugais) présente ses chiffres de 1956-57 de façon relative, soulignant que s'il y a bien 146 étudiants (résultat honorable), c'est bien moins que dans la licence de philologie germanique (anglais et allemand) qui en compte quatre fois plus. Cette concurrence profite donc aux langues européennes et constitue une première étape vers une construction plus globale. On peut le voir par exemple à l'Institut français de Barcelone, où en 1952, parmi les multiples cercles culturels, il s'en créé un intitulé Cercle européen. Il va être, pendant 10 ans, un lieu d'études et de débats sur la construction européenne. En 1956-57, ce Cercle européen réunit tous les quinze jours un groupe de travail qui rassemble entre 15 et 25 personnes, de six nationalités européennes

---

2 *Rapport annuel du Conseil de l'Université de Toulouse. Comptes rendus des travaux des facultés* (1957-58), Toulouse, Privat, p. 314.

différentes, dont la moitié d'étudiants. Ce groupe a réfléchi à l'étude de questions sociales dans une « Union » européenne. Il a également organisé des « Grandes conférences ». La première d'entre elles, en novembre 1956, a été placée sous la présidence effective des consuls de tous les pays de l'OECE et a fait le point sur l'intégration de l'Europe par le biais d'interviews de différents ressortissants des six pays, dont l'Espagne. Ce cercle publie également des articles dans diverses revues et est représenté dans la Commission permanente du Comité espagnol de la Ligue européenne de Coopération économique. Il entretient par ailleurs des relations avec divers centres européens en Espagne et notamment avec un centre d'études européennes en cours de constitution à l'université. Il collabore également avec l'Association internationale des Instituts d'études européennes, la Campagne européenne de la jeunesse, le Collège européen. Enfin, il attribue des bourses, comme par exemple celle que reçoit un étudiant de la Faculté de Droit de Barcelone pour aller suivre les cours du Collège européen des sciences économiques et sociales de Paris en juillet 1957[3].

Est-ce à dire que l'université toulousaine n'est pas affectée par ce qui se passe institutionnellement en Europe entre la France et d'autres pays ? Non, puisqu'à cette date, la dynamique qui va aboutir en mai 1958 à la mise en place d'un jumelage entre l'université de Toulouse et celle de Bonn est engagée de différentes manières par les juristes et par les littéraires. Dès octobre 1947, on trouve le professeur en droit Gabriel Marty (1905-1973), en mission en Allemagne pour prendre contact avec les universités allemandes. Son collègue Guy Héraud (1920-2003), dont nous reparlerons, est lui un habitué des conférences et des séminaires en Allemagne dès le début des années 1950. À la Faculté des Lettres de Toulouse, le germaniste Jean Boyer (1888-1958) est également très actif dans les échanges avec l'Allemagne et participe avec son collègue Frédéric Mauro (1921-2001) à un colloque sur le thème du développement de l'Europe occidentale à Mayence[4]. Jean Boyer, blessé en août 1914 d'une balle qui ne fut jamais extraite et qui le fit souffrir jusqu'à sa mort, passa sa vie à essayer de développer les liens universitaires avec l'Allemagne. Les années qui suivent la Deuxième Guerre mondiale lui rendent l'espoir que ces relations sont possibles. Il fait naturellement partie de la délégation toulousaine qui vient signer, à Bonn, les accords de jumelage en présence du président de la RFA, Wilhelm Pieck (1876-1960), voyage où les étudiants toulousains se font remarquer par une fraternisation bruyante avec leurs camarades allemands. Dès l'année

---

3 « Rapport sur l'activité de l'Institut français de Barcelone durant l'année 1956-57 », dans *Rapport annuel du Conseil, op. cit. (1956-57)*, 1959, p. 251-252.

4 *Rapport annuel du Conseil, op. cit.*, 1954-55, p. 7.

suivante, une importante délégation allemande se rend à Toulouse[5] où elle est reçue en grande pompe, inaugurant des échanges qui ne se démentiront pas les années suivantes. Jean Boyer décède pendant l'été 1958, juste après avoir accueilli une cinquantaine de ces étudiants allemands aux cours d'été de Pau[6]. Notons que ce jumelage précède de quelques années le traité bilatéral entre les deux pays, dit traité de l'Élysée du 22 janvier 1963, dont on vient de fêter le cinquantenaire.

On est donc, d'un point de vue institutionnel, sur deux temporalités. La première, ancienne, est celle de la présence française en Espagne qui, répondant à des objectifs de rayonnement national, a pour conséquence indirecte d'assurer la présence de différentes cultures européennes dans la péninsule, voire même, on l'a vu, de déboucher sur des engagements européens. L'université joue là le rôle de poisson-pilote. Et puis de l'autre, on constate l'existence d'une temporalité clairement politique, capable d'accélérations, en fonction du contexte historique du moment. Mais attention, cela n'a pas pour conséquence de développer un focus exclusif sur l'Europe, on le voit bien avec Pondichéry ou avec les cours de vacances de Pau organisés au Centre d'études anglo-américaines, fruit d'une collaboration entre l'université de Toulouse et celle de Bordeaux, qui organise des cours d'été.

I. Les étudiants

A. La circulation des étudiants

Qu'en est-il de la présence des étudiants européens sur les bancs des amphithéâtres toulousains ? À la veille de la naissance de la CEE, on aurait pu s'attendre à retrouver des pourcentages proches ou supérieurs de ceux des années 1920 quand les facultés de la ville accueillaient 27 % d'étudiants étrangers, dont 89,5 % d'étudiants européens (chiffres pour 1927-28)[7]. Il n'en est rien. Dans les années 1950, la ville accueille moins de 3 % d'étudiants étrangers, toutes origines géographiques confondues. En 1955, ils sont ainsi 1,3 % en Droit, 4,5 % en Lettres, 2,9 % en Médecine et 1,5 % en Sciences (y compris les nouvelles écoles nationales d'ingénieurs). Parmi ces étudiants étrangers, il y a quelques Européens, mais cela n'a plus rien à voir en proportion avec les bataillons d'avant-guerre, qui étaient majoritairement originaires d'Europe centrale et orientale. Ainsi à la Faculté de Droit en 1953, seuls 23 % des étrangers

---

5 *Bulletin de l'université de Toulouse*, avril-mai-juin 59 : vol. 68, p. 451.

6 « NIQUEUX J., « La faculté en deuil », *Bulletin…*, *op. cit.*, septembre-octobre-novembre 1958, p. 1-2.

7 Caroline Barrera, *Étudiants d'ailleurs. Les étudiants étrangers, coloniaux et français de l'étranger de la Faculté de Droit de Toulouse*, Toulouse, Presses universitaires Champollion, 2007.

sont Européens, tous originaires d'Europe de l'Ouest. La dynamique engagée par l'Europe pour se bâtir un destin commun ne parvient pas, à cette date, à susciter les mouvements d'étudiants considérables générés dans l'entre-deux-guerres par d'autres facteurs comme les discriminations religieuses, politiques, de genre et les besoins considérables en formation des États sous-équipés en universités. Les groupes nationaux qui s'imposent à la veille du Traité de Rome sont ceux des étudiants d'outre-mer, anciennement coloniaux, en passe de devenir des étrangers comme les autres. En 1955, ces derniers représentent près de 76 % des étudiants étrangers et coloniaux de la ville. Les Européens eux ne comptent que pour 8,2 % des effectifs totaux d'étudiants à Toulouse. La construction en marche de l'Europe ne génère donc pas alors les plus gros flux migratoires étudiants ; c'est d'ailleurs toujours le cas, malgré l'existence aujourd'hui du programme Erasmus.

Du côté des départs d'étudiants toulousains vers l'étranger, il est très difficile de constituer des statistiques. On a cependant quelques informations sur ceux qui vont fréquenter les cours de Burgos. Ainsi pendant l'été 1956-57, les étudiants inscrits aux cours de Burgos sont au total 313 dont 225 viennent de Toulouse. On sait aussi que certains établissements organisent des voyages d'études à l'étranger. Là encore, il s'agit exclusivement de voyages en Europe. Ce sont les écoles d'ingénieurs de Toulouse, anciennement Instituts techniques de la faculté des Sciences, qui sont pionniers en la matière. En 1956-57, quelques élèves de première et de deuxième année de l'École nationale supérieure de chimie de Toulouse bénéficient pendant les vacances, grâce à l'International Association for The Exchange of Students for Technical Experience (IAESTE), de stages pratiques dans les entreprises en Allemagne, en Espagne, au Royaume-Uni et en Hollande[8]. Les « troisième année » de l'École nationale supérieure d'agronomie de Toulouse (ENSAT) vont visiter diverses régions agricoles et des stations de recherche du Portugal, en compagnie de leur professeur, M. Rivals[9]. Les élèves de l'ENSIGC (Génie chimique) ont eux effectué leur voyage de fin d'études en Italie et ont visité quelques usines importantes de la société Monteccatuni, encadré par M. Gardi[10]. Ces stages européens font l'objet de concertations à l'échelle européenne auxquelles participe le professeur Joseph Cathala (1892-1962), directeur de l'ENSIGC.

---

8 *Rapport annuel du Conseil, op. cit.*, 1956-57, p. 177.

9 *Ibid.*, p. 211.

10 *Ibid.*, p. 205.

B. Cours & conférences

La participation de l'Université à la construction d'une citoyenneté européenne passe également par les cours. Ceux-ci sont de trois sortes, soit des cours qui permettent de mieux connaître les autres pays européens, soit des cours qui portent sur l'Europe, sans forcément traiter de la construction européenne, soit, enfin, des cours volontairement axés sur la thématique de la construction européenne.

Du côté de la Faculté des Lettres, les langues enseignées sont exclusivement européennes. Outre les langues mortes dont l'enseignement est encore très vivace, les langues vivantes proposées et qui sont institutionnalisées (avec un CES et dépassant le simple cours) sont l'allemand, l'anglais, l'espagnol, l'italien, le portugais et le polonais. La chaire de littérature étrangère existe à Toulouse depuis 1863. La première chaire d'études hispaniques est confiée à Ernest Mérimée en 1886. La faculté gagne le droit de délivrer un certificat d'aptitude en espagnol en 1894-95 dans la licence de Lettres. Si l'on considère le nombre des inscrits en 1956-57, la hiérarchie de ces enseignements est la suivante : l'espagnol se place en première position avec environ 120 inscrits dans les CES d'espagnol au milieu des années 1950 ; l'anglais arrive en deuxième position avec une centaine d'étudiants, l'allemand en troisième avec une vingtaine d'inscrits, et l'italien[11] et le portugais en quatrième avec une dizaine chacun. Le CES de polonais existe mais n'a guère de succès[12]. Remarquons que certaines disciplines portent une attention particulière aux langues mais sans mesure coercitive forte envers leurs étudiants. Ainsi en histoire, il est obligatoire dans les années 1950 de subir une épreuve de langue vivante pendant la licence mais il est précisé aux étudiants qu'

> « un bon historien, un candidat à l'agrégation, devrait pouvoir lire l'allemand et l'anglais, et même aussi l'italien et l'espagnol. Les étudiants en histoire doivent mettre à profit leur séjour à la faculté pour s'initier à celles de ces quatre langues qu'ils ignorent »[13].

Dans toutes ces disciplines liées aux langues étrangères, les textes étudiés sont très majoritairement européens et européens de l'Ouest, même si quelques ouvertures sont faites vers la littérature et la civilisation américaines en anglais ou vers les études sud-américaines. Du côté des historiens également, les cours concernant un autre pays européen sont nombreux, notamment en faveur de l'Italie ou de l'Espagne. Les

---

11 La création d'un CES de littérature italienne date du 6 juin 1935.

12 C'est le 2 décembre 1935 qu'a été inauguré à la Faculté des Lettres de Toulouse le cours de langue et de littérature polonaises créé, avec un lectorat dédié.

13 *Bulletin…*, *op. cit.*, septembre-novembre 1956, 1956, p. 24.

géographes qui privilégient généralement l'approche thématique par type de géographie, plutôt que par secteur géographique, font cependant une exception pour la péninsule ibérique qui est la seule à avoir droit en Europe à un cours particulier, à l'exception de la France. L'attention principale reste fixée sur l'Hexagone ou sur la géographie coloniale qui dispose d'un certificat dédié. Le certificat de géographie régionale aborde bien d'autres zones que la France, mais elles se situent hors d'Europe, en Amérique centrale, ou au Moyen-Orient.

Si l'on considère maintenant les cours qui prennent en compte l'échelle européenne, ils n'ont rien de rare chez les historiens, notamment chez les médiévistes qui, dans les années 1950, adoptent presque systématiquement l'échelle européenne ou occidentale (ce qui est à l'époque la même chose). C'est moins fréquent pour les périodes ultérieures où l'échelle nationale domine. Le certificat d'histoire moderne et contemporaine prévoit cependant en 1955-1957 une étude de la monnaie et du crédit en Europe occidentale (XVIe-XVIIIe siècles). Le cours d'histoire de l'Art traite de l'histoire de l'art en Europe au XVIIe siècle.

Enfin, l'Université propose-t-elle à ses étudiants des certificats ou des diplômes spécifiques sur la construction européenne, susceptible de former les futurs acteurs à cet organisme nouveau qui se met en place ? La réponse est non. Alors que l'Empire vit ses dernières heures, les Toulousains décident de former leurs étudiants aux sciences coloniales en mettant en place en 1952 une licence d'études nord-africaines, dite « licence d'Outre-mer », avec des cours de droit musulman, de législation nord-africaine et d'économie nord-africaine assurés par la Faculté de Droit de Toulouse et des cours d'histoire coloniale, de géographie coloniale, d'ethnologie assurés par la Faculté des Lettres[14]. L'angle qui va être choisi par la suite par la Faculté de Droit pour réutiliser ce dispositif sera celui des études internationales et des pays en voie de développement qui disposeront d'un diplôme spécifique quelques années plus tard. Il y aura même un prix en licence de 2e année consacré aux institutions internationales.

II. Les enseignants-chercheurs

A. Publications, congrès et cours hors de France

Du côté des enseignants-chercheurs, selon le professeur Jacques Godechot (1907-1989) en 1954-55, c'est l'Europe qui du point de vue des échanges universitaires est « *le théâtre habituel…* »[15]. En réalité,

14 *Ibid.*, p. 24.

15 Jacques Godechot, « Rapport adressé à M. le ministre… », dans *Rapport annuel du Conseil*, *op. cit.*, 1956, p. 6.

dans les années 1950, si l'on se place du point de vue bibliométrique et congrémétrique, c'est plutôt la France qui est le théâtre habituel des publications scientifiques, les enseignants publiant et fréquentant surtout les revues et les colloques de l'hexagone. En 1956-57, seulement 4 % des publications de l'université se sont faites à l'étranger (5 % pour la Faculté de Droit, 5,4 % pour celle de Médecine, 12,3 % pour celle de Lettres et 2,3 % pour celle de Sciences). Il est vrai en revanche que quand il y a des publications à l'étranger, elles se font à 64 % dans un pays européen au premier rang desquels l'Italie, devant la Suisse puis les Pays-Bas. On trouve en deuxième position le continent américain (29,4 %) devant les publications faites au sein de l'Empire.

La même année, les participations à des colloques à l'étranger sont plus nombreuses (51 communications à l'étranger pour 17 publications). Là encore, elles sont européennes, de façon encore plus écrasante puisqu'elles atteignent 92 %. Les pays qui ont accueilli le plus de communications scientifiques de Toulousains sont la Belgique (29,7 %), les Pays-Bas (27,6 %), le Portugal (17 %), l'Espagne (10,6 %), la Suisse (3,6 %).

Les noms des organisations à l'origine de ces manifestations et la façon dont elles qualifient les manifestations qu'elles organisent sont lourds de sens. Ce qui prévaut encore, c'est incontestablement la structure nationale qui accueille des savants étrangers. On note ensuite l'existence d'organisations qui se fédèrent autour de la langue et de la culture, ainsi l'Association des Physiologistes de langue française qui organise un colloque à Genève en juin 1957, ou l'Association des Anatomistes de langue française qui tient sa 44e réunion à Leyden en 1957. Les Toulousains fréquentent également les congrès organisés par des structures dites « de culture latine », comme le Congrès des Électroradiologistes de culture latine de Lisbonne en 1957. Les participations à des groupements européens sont moins nombreuses, à l'exemple de la manifestation organisée à Turin en juin 1957 par la Société européenne de Chirurgie cardio-vasculaire, à laquelle participe le professeur Enjalbert ou le premier symposium européen sur le génie chimique d'Amsterdam en mai 1957.

La présence des universitaires toulousains dans les autres pays européens est donc globalement limitée. Elle est cependant en phase ascendante. Elle est soutenue par divers organismes depuis l'entre-deux-guerres qui octroient des bourses pour favoriser les voyages d'études d'universitaires toulousains dans des pays européens. La Fondation Rockefeller permet ainsi à des professeurs de la Faculté des Lettres de faire un voyage d'études en Angleterre, en Espagne, en Italie pendant les vacances de 1948[16]. C'est le cas également du ministère des Affaires étrangères et du British Council, grâce auxquels plusieurs enseignants participent à des missions d'études ou de réflexions de l'OECE dans des domaines divers. On note ainsi en 1954-55, la participation du professeur Léthinier, à un voyage d'étude aux États-Unis destiné à examiner l'enseignement de l'administration des affaires[17], la participation de Joseph Cathala, le fondateur et directeur de l'ENSIGC, à Londres aux réflexions sur le rôle et la formation de l'ingénieur du génie chimique qui rassemble 400 auditeurs venus de toute l'Europe occidentale[18]. Joseph Cathala est le Toulousain le plus impliqué au Royaume-Uni où il a migré pendant la guerre et où il est demeuré conseiller technique de la direction des poudreries royales britanniques, avec l'accord du gouvernement français.

Si dans les « briques » de la construction d'une citoyenneté académique des chercheurs, il y a la question de la pratique, il y a également celle du contenu scientifique.

B. L'Europe, objet scientifique et élément structurant

L'Europe peut en effet également être objet d'étude scientifique et élément structurant de la recherche. Cela peut se faire de différentes manières.

La première concerne l'intérêt pour un autre pays européen et a pour ambition de sortir du franco-centrisme. On trouve des travaux de ce type à la faculté des Lettres, ceux bien sûr des professeurs de langues et de littératures étrangères, comme Jean Krynen sur l'Espagne ou de Jean Boyer sur l'Allemagne et ceux des historiens comme le professeur Godechot sur l'Italie. On est frappé cependant par la rareté des travaux sur le temps contemporain.

La deuxième consiste à élaborer des comparaisons entre pays européens. Il convient à cet égard de faire deux remarques, l'une sur la structuration institutionnelle, l'autre sur la production scientifique. D'un point de vue institutionnel, la Faculté de Droit a mis en place, dès 1923, un Institut de droit comparé des pays latins qui a eu dès son origine pour mission de créer une bibliothèque de droit étranger, notamment latin, de dispenser des enseignements et de susciter des thèses. Cet Institut est l'ancêtre de l'actuel CDC (centre de droit comparé) intégré à l'IRDEIC. L'intérêt juridique pour l'Europe de la Faculté de Droit part de là. Cet Institut cible certains pays européens dits « de culture latine » et a été extrêmement actif, notamment par l'organisation de colloques très

---

16 *Rapport annuel du Conseil, op. cit.*, 1947-48, p. 100.

17 *Rapport annuel du Conseil, op. cit.*, 1954-55, p. 8 et 17.

18 *Ibid.*, p. 182.

réguliers de droit comparé avec l'Espagne ou d'échanges de conférenciers entre les deux versants des Pyrénées. Concernant le contenu, le travail européen consiste surtout à mettre en contact des juristes de nationalités différentes qui communiquent sur leur spécialité nationale. Il y a rarement des travaux qui intègrent réellement la comparaison.

En réalité, on n'en est encore qu'au début de l'intégration de la problématique européenne ultra-contemporaine, immédiate, voire prospective. Les travaux clairement orientés sur une réflexion sur l'intégration européenne sont encore très minoritaires. À la Faculté de Droit, c'est toujours l'époque des pionniers puisque l'Institut d'études internationales ne sera créé qu'en 1959 et que le Centre de Documentation et de recherches européennes ne verra le jour qu'en 1964[19]. À la mi-temps des années 1950, la Faculté crée l'Institut d'études de législation et d'économie rurale et l'Institut des affaires.

Les travaux spécifiques sur l'Europe sont donc le fait de chercheurs qui travaillent de façon encore isolée. Parmi eux, on trouve d'abord Guy Héraud, qui appartient à la Faculté de Droit de Toulouse jusqu'en novembre 1955, date à laquelle il part à l'université de Strasbourg où il est chargé du service de la chaire d'histoire des traités. Il sera, quelques années, plus tard candidat fédéraliste à l'élection présidentielle de 1974 où il obtiendra 0,07 % des voix. Ses travaux sur l'Europe sont bien connus grâce au recensement qu'en a fait Yvo J.-D. Peeters[20]. Au début des années 1950, alors qu'il appartient encore à l'université toulousaine, il produit ainsi des réflexions sur la Communauté européenne de défense[21], sur la nature juridique de la CEE[22], sur la *supranationalité*[23]. Concernant le sujet qui nous intéresse plus spécifiquement, il est surtout connu pour ses travaux sur les minorités ethniques européennes, développant l'idée que leur reconnaissance et leur protection ne pourraient se faire que par l'application intégrale des principes fondamentaux du fédéralisme. En 1957, il publie plusieurs réflexions sur la démocratie européenne et l'élection au suffrage direct de l'assemblée européenne[24].

---

19 *Toulouse universitaire, 1229-1979*, Toulouse, Papeteries Navarre, 1980, p. 47.

20 Yvo J.-D. Peeters, Bibliographie Chronologique (1946-1998) du professeur Guy Héraud, (en ligne : http://www.cife.eu/CIFE/Ressources/FILE/publications/brochures/ypeeters.pdf).

21 La Communauté européenne de défense dans ses relations avec l'alliance atlantique et la « fédéralisation fonctionnelle » du continent, *Revue de Droit Public*, octobre-décembre 1952, p. 980-1011.

22 *Nature juridique de la Communauté européenne d'après le projet de traité du 10 mars 1953*, R.D.P., juillet-septembre 1953, p. 581-607.

23 La *supranationalité dans l'organisation de l'Union de l'Europe occidentale (Accords de Paris du 23 octobre 1954)*, R.D.P., avril-juin 1955, p. 304-329.

24 La démocratie fédérale européenne, *ibid.*, n° 66 ; L'élection au suffrage direct de l'Assemblée parlementaire européenne, *ibid.*, n° 68.

On note encore les travaux de Daniel Faucher (1882-1970). Lui aussi publie dans des revues engagées, comme la revue France-Europe, première revue de langue française consacrée à l'unification continentale et qui est une revue politique, économique et littéraire, en 1956 dans laquelle il publie un article intitulé Déclin ou Renaissance de l'Europe[25].

En dehors de ces réflexions théoriques, on note également des travaux qui prennent en compte les aspects opérationnels de la vie à l'européenne. À la Faculté de Droit, on relève le nom de Louis Cartou qui publiera par la suite des ouvrages plusieurs fois réédités sur l'Europe[26]. Agrégé de droit public au milieu des années 1950, il entame ses recherches sur le droit aérien, en partant d'une expérience de terrain puisqu'il est détaché à Air France en 1955 sur les questions contentieuses. Il publie divers travaux. Ainsi, en 1957, il rédige dans l'*Annuaire français de droit international* un article sur la structure juridique du transport aérien en Europe à la veille du marché commun, travail qui sera suivi par de nombreux autres[27]. D'autres universitaires, on l'a dit plus haut, participent à des manifestations organisées par des organismes européens évoquées plus haut. Ainsi à la Faculté de Droit et de Sciences économiques, le nouvel Institut de Préparation aux Affaires s'inscrit assez régulièrement dans des programmes européens de réflexion. Son premier directeur, le professeur Vigreux, se rend ainsi en 1955-56 à Turin pour assister à une conférence organisée par l'Agence européenne de productivité autour de la problématique de la formation des dirigeants d'entreprise.

Du côté de la Faculté des Lettres, l'hispanisme demeure extrêmement fort, mais, contrairement à ce qui se passe dans les Instituts en Espagne, il ne débouche pas en termes de recherche, sur une prise en compte de la problématique européenne. Ce qui prévaut alors, c'est la création de l'Institut d'études hispaniques, hispano-américaines et luso-brésiliennes par Paul Mérimée. Ce qui est valorisé, c'est le « siècledorisme » et l'Amérique latine.

* * *

En « posant notre caméra » à la mitan des années 1950, nous avons donc pu constater que l'université participe de diverses manières à la construction de la citoyenneté européenne.

---

25 Daniel Faucher, « Déclin ou Renaissance de l'Europe ? », dans *France-Europe*, 9e année, n° 46, nov. 1956, p. 5.

26 *Le marché commun et le droit public*, Paris, Sirey, 1959, 199 p. – *Le droit aérien*, Paris, Presses universitaires de France, Paris, Que sais-je ?, 1962, 126 p. – *Organisations européennes*, Paris, Dalloz, 1965, 432 p. – *La politique monétaire de la CEE*, Paris, Colin, 1970, 96 p.

27 « Le marché commun », *Revue de Droit public*, 1958.

Nous avons pu voir qu'elle peut le faire avec des temporalités très proches de celle du politique, c'est très clair dans le cas du jumelage entre l'université toulousaine et celle de Bonn. Elle peut le faire également avec ses temporalités propres, c'est le cas avec l'Espagne où des relations très proches sont maintenues avec la péninsule, malgré les régimes autoritaires en place qui ne permettent pas l'intégration dans la dynamique européenne. C'est le cas également, à un moindre niveau, avec les pays du bloc communiste avec lesquels plusieurs universitaires toulousains demeurent en relation malgré la guerre froide. Les liens académiques européens sont maintenus, agissant comme un poisson-pilote, comme des fils tenus de liens culturels entre les différentes branches de la culture européenne. Ces liens académiques ne se font pas au mépris du politique, puisque celui-ci laisse faire en toute connaissance de cause, pour différentes raisons. Ils ont pour conséquence de travailler très en amont à la citoyenneté culturelle et académique européenne. Ils ont surtout la capacité de monter en puissance quand le politique le demande et qu'il a besoin de la culture ou de l'académisme pour amorcer ou réamorcer des relations économiques et politiques.

Nous avons pu constater également que l'université, tout en s'ancrant dans la dynamique de la construction de la citoyenneté européenne, parce que c'est son héritage et parce que c'est l'avenir, refuse catégoriquement de se laisser enfermer dans cette citoyenneté puisque les échelles qui sont choisies pour ces nouveaux travaux sont beaucoup plus ouvertes qu'elles ne l'ont jamais été. On le voit bien dans la généalogie des instituts de recherche, l'hispanisme de la Faculté des Lettres s'oriente vers l'Amérique latine, à la Faculté de Droit, ce qui prend corps en 1959, ce n'est pas un Institut d'études européennes, mais un Institut d'études internationales, structurant les travaux de chercheurs comme Pierre Vellas qui dès la fin des années 1950 réfléchissent non pas en termes européens mais en termes internationaux[28].

---

[28] Pierre Vellas, « L'ONU et le développement communautaire des régions retardées », *Le Monde diplomatique*, avril 1959 ; *Le régionalisme international et l'organisation des Nations unies*, Paris in-8°, 166 p.

De la vénération à la culpabilisation

Les effets des évènements historiques dans la construction de l'identité nationale et de l'identité européenne

Kristen Ilka REUTER & Denis HILTON

Diplômée en Master 2 psychologie cognitive et Professeur en psychologie sociale Université Toulouse 2 Le Mirail

Selon Hilton et collègues (1996) les représentations de l'Histoire sont des prédicteurs importants de l'identité sociale (Tajfel & Turner, 1979) et de l'attitude envers des sujets d'importance collective. En général, les groupes préfèrent se voir non pas comme les auteurs des actes héroïques mais comme les victimes des actes méchants. Pour ces raisons, les groupes ont souvent une réticence à se confronter à leur histoire ambiguë. Par exemple, dans l'histoire de la Deuxième Guerre mondiale, il est vrai qu'au premier regard les rôles du groupe d'anciens persécuteurs allemands et d'anciens groupes de victimes à côté des Juifs européens semblent clairement définis. Cependant, un classement selon les catégories de persécuteurs et de victimes n'est pas aussi immuable que certaines des élites européennes le souhaitent parfois (cf. Lebov, 2006). Ainsi, parler aux Polonais, Soviétiques, Français des transgressions commises par leurs compatriotes durant les années noires de 1939 à 1945 pourrait les amener à mettre en question leur statut de victime et en conséquence menace leur identité sociale. De la même façon que le poids du passé influence selon Rensmann (2004) la société allemande d'après-Holocauste, affecte sa mémoire collective et son identité nationale jusqu'à ces jours, des effets comparables pourraient obliger les autres Européens à redéfinir la catégorie des persécuteurs et de se repositionner dans une même catégorie avec les Allemands.

D'après la théorie de l'identité sociale (Tajfel & Turner, 1979), l'inclusion des Allemands dans une même catégorie avec l'endogroupe en passant par des processus de recatégorisation et la perception de similitude devrait promouvoir des processus de favoritisme pro-endogroupe.

Les gens enclins à attribuer l'essence humaine à leur propre groupe (Leyens *et al.*, 2001) devraient voir les Allemands sous une lumière plus positive, lorsqu'ils les classent dans la même catégorie qu'eux-mêmes. Ce changement des croyances négatives et la capacité de voir l'humain dans l'autre de la même manière qu'en soi-même sont indispensables pour la résolution de conflits graves entre groupes (Tutu, 1999 ; Wohl et Branscombe, 2005).

Lorsque différentes facettes de l'Histoire nationale française, telles que la participation aux crimes contre l'humanité, ou au contraire la résistance et l'aide aux Juifs, sont rendues saillantes, on pourrait s'attendre à des effets de changement de catégorisation. Dans le travail présent seront comparés les effets d'une catégorisation au niveau intergroupe aux conséquences d'une catégorisation croisée qui apparaît lorsque « le partage de caractéristiques entre membres de différents groupes sera tel qu'il sera difficile de discriminer en faveur d'un groupe spécifique » (Leyens et Yzerbyt, 1997, p. 312). Autant que chez Wohl et Branscombe l'inclusion de l'ancien exogroupe dans la catégorie d'humains amène les membres du groupe d'anciennes victimes à émettre des réponses plus positives aux membres du groupe d'anciens transgresseurs, on s'attend dans la présente étude à ce que l'inclusion de l'ancien endogroupe français dans la même catégorie de transgresseurs que l'endogroupe des Allemands national-socialistes amène les Français contemporains à émettre des réponses plus positives aux Allemands contemporains qui favoriseront la réconciliation entre anciens adversaires. Accroître le niveau d'inclusion catégoriale augmente selon ces auteurs la perception de similitude entre endogroupe et exogroupe, incite à dire que le génocide est un phénomène universel et non pas un fait typiquement allemand, et favorise l'accord du pardon intergroupe, comparé avec la catégorisation sur un niveau intergroupe. Ce dernier implique distinction, association explicite de l'Holocauste aux Allemands et moindre volonté à pardonner aux Allemands.

La similitude perçue entre endo- et exogroupe

D'après Turner et collègues (1987), la perception du soi en relation aux autres peut s'altérer lorsque la catégorisation change. La modification du niveau de catégorisation pourrait faire qu'une personne soit incluse dans la même catégorie que le soi, qui auparavant était vue comme distincte. Des réponses affectives par rapport à la même personne pourraient ainsi changer de façon importante selon le contexte. Le niveau catégorial le plus inclusif serait selon Branscombe et collègues (2004) le niveau humain, qui favorise la perception du soi comme étant semblable à d'autres humains. Plus grand le niveau d'inclusion, plus grand le partage de similitudes sociales entre le soi et autrui. Si les

Allemands sont alors catégorisés en tant qu'Humains, écrivent Wohl et Branscombe (2004), et sont par conséquent membres de la même catégorie que l'endogroupe juif, des Juifs devraient percevoir une plus grande similitude avec eux. La catégorisation superordonnée pourrait ainsi effectuer un décroissement de processus de différenciation. Ceci devrait également renvoyer à une plus grande volonté à accorder le pardon pour les transgressions du passé, comparé avec la situation où les deux groupes sont vus comme étant distincts, méritant alors un traitement différent (Wohl & Branscombe, 2005).

Sur de telles argumentations théoriques issues de la théorie de l'autocatégorisation repose la supposition que lorsque l'endogroupe propage une Histoire de victimisation, de résistance ou de lutte pour sauver la vie d'autrui, d'autres résistants seront perçus comme étant plus semblables, tandis que d'autres persécuteurs seront perçus comme étant moins semblables à soi-même et son groupe d'appartenance. Rendre saillant la représentation de l'Histoire française de persécution des Juifs favorisera par conséquent la similitude perçue entre Français et Allemands, tandis que la représentation de l'Histoire française avec référence aux personnes qui ont risqué leur vie afin de sauver la vie d'autrui, les « Justes des Nations », y sera défavorable.

Selon Wohl et Branscombe, la catégorisation humaine renvoie à une plus grande volonté à accorder le pardon pour les transgressions du passé, comparé avec la catégorisation intergroupe. Selon eux, l'accroissement de l'accord du pardon intergroupe est dû au décroissement de la différenciation entre endogroupe et exogroupe. Si ceci est le cas, et si la manipulation de l'Histoire montre des effets sur le pardon intergroupe, on pourrait s'attendre à trouver un effet de médiation de la perception de similitude.

La recatégorisation de l'identité sociale

Les individus ont besoin d'appartenir à des groupes socialement valorisés pour se construire une identité sociale positive (Leyens & Yzerbyt, 1997). Lorsqu'un sujet est confronté aux facettes négatives de l'Histoire de son groupe, il peut percevoir son identité sociale comme étant non satisfaisante et chercher à la changer. Lorsque l'identité sociale est défavorable – parce que peut-être le propre groupe a été impliqué dans des crimes historiques – ceci pourrait éventuellement encourager le sujet à se distancier de son groupe d'appartenance afin de sauvegarder son estime de soi positive (Yzerbyt & Schadron, 1996). Si on propose à un sujet qui vient d'être confronté avec une représentation de l'Histoire nationale défavorable soit de s'identifier à sa nation ou au contraire de s'identifier plutôt à l'Europe, il devrait montrer une tendance à choisir davantage la catégorie superordonnée, ici l'Europe. Un sujet auquel vient d'être révélée une représentation positive de l'Histoire de son groupe national devrait avoir une moindre tendance à la recatégorisation et s'identifier davantage à son groupe d'appartenance national.

Les reproches envers l'endogroupe

Pour les uns une proposition telle que « Les Français auraient pu faire plus d'efforts pour aider à sauver les Juifs » évoque de l'empathie avec les victimes et des pensées sur des comportements qui auraient été possibles – agir avant, ne pas dénoncer, cacher les Juifs, résister et lutter. Suite à la lecture d'une représentation de l'Histoire défavorable, on s'attend à trouver une plus grande tendance à reprocher aux antécédents de ne pas avoir fait suffisamment d'effort pour aider. Ce reproche implique l'attribution d'une marge de manœuvre aux acteurs d'autrefois, mais aussi un jugement négatif – ils auraient dû faire mieux, ils sont fautifs, ils ne sont pas irréprochables !

La catégorisation sociale et le pardon intergroupe

Sur la base de la théorie de la catégorisation sociale de Turner *et al.* (1987), Wohl et Branscombe (2005) proposent que la volonté à accorder le pardon à la « catégorie des transgresseurs » pour ses actions néfastes dans le passé dépend du niveau de catégorisation et des émotions a à l'exogroupe. D'après ces auteurs la force avec laquelle la transgression sera attribuée aux caractéristiques stables d'un groupe influerait la volonté à lui pardonner. L'accord du pardon intergroupe semblerait alors plus probable lorsque les transgressions dans le passé ne servent pas à définir uniquement le groupe d'anciens persécuteurs, mais lorsqu'un plus grand nombre de groupes peut être classé dans cette catégorie de persécuteurs, y compris l'endogroupe. Les résultats de l'étude de Wohl et Branscombe (2005) confirment ces arguments. Ils démontrent l'existence d'un effet du niveau de catégorisation sur la volonté à accorder le pardon. Des sujets auxquels l'Holocauste fut présenté comme une agression commise par des humains envers d'autres humains (catégorisation sur un niveau humain) expriment davantage de volonté à l'accord de pardon aux Allemands que des sujets auxquels l'Holocauste fut présenté comme une agression commise par les Allemands envers les Juifs (catégorisation sur un niveau d'identité sociale).

La thèse de l'universalité de l'Holocauste

L'accord avec la thèse de l'universalité de l'Holocauste, l'argumentation selon laquelle la Shoah n'est qu'un génocide horrible sur une longue liste d'atrocités commises par des humains, diffère selon le niveau de catégorisation (Wohl & Branscombe, 2004). Les sujets dont le niveau d'identité sociale est rendu saillant définissent selon ces auteurs l'Holocauste comme un fait relativement unique aux Allemands, tandis que les sujets dont le niveau humain est rendu saillant voient l'Holocauste comme un phénomène qui apparaît à travers les sociétés de façon universelle, sans qu'il soit unique aux Allemands. La manipulation de la représentation de l'Histoire devrait effectuer également des différences dans l'accord avec la thèse de l'universalité de l'Holocauste.

Les sentiments liés à l'appartenance groupale

Le concept de la culpabilité collective se trouve au premier plan de la recherche actuelle sur les effets de la confrontation avec des rappels historiques. Par exemple, Doosje et collègues examinent dans leur étude de 1998 les conséquences de la considération d'aspects historiques et démontrent que rappeler des événements reprochables à l'endogroupe suscite l'expérience de culpabilité collective et l'émergence d'un désir à réparer les injustices commises par l'endogroupe. Selon Branscombe, Doosje et McGarty (2002), l'association catégoriale entre le soi et l'endogroupe ayant émis des transgressions est nécessaire pour qu'un sujet connaisse de la culpabilité collective pour des actes qu'il n'a pas personnellement commis. C'est-à-dire que la culpabilité collective sera exprimée par un sujet lorsqu'une transgression morale de la part de l'endogroupe est rendue saillante et la catégorisation du soi en référence à ce groupe est inévitable. La recherche récente a établi que ces sentiments moraux collectifs prédisent tous des comportements pro-sociaux : la honte est liée à la volonté de faire des réparations (Brown *et al.*, 2008 ; Dresler-Hawke & Liu, 2006), la responsabilité associée à la causalité et la moralité prédit la réduction d'antisémitisme (Zimmermann *et al.*, 2011), autant que le regret (Imhoff, Erb & Bilewicz, 2012). Reuter & Hilton (2008) ont démontré que l'expression de regret, responsabilité, honte et culpabilité suite à la confrontation avec l'Histoire néfaste de son groupe prédit la motivation au rapprochement intergroupe. Lorsqu'on rappelle la collaboration aux membres d'un groupe tel que les Français, peut-on s'attendre à trouver des effets comparables du rappel de l'Histoire négative sur les sentiments et attitudes intergroupes ?

L'étude présente

La proposition à la base de la présente expérimentation est que des rappels de l'Histoire de la participation française à la persécution de Juifs seront défavorables à l'image de l'endogroupe et forceront le sujet ainsi à se représenter son groupe d'appartenance dans une même catégorie avec les Allemands, semblable à eux (condition persécution). Ceci ne sera pas le cas lorsque des rappels de l'Histoire accentuent le rôle de la résistance et de comportements d'aide aux Juifs durant l'époque national-socialiste (condition aide) ; dans ce cas une catégorisation sur un niveau intergroupe pourra perdurer et encourager un favoritisme à l'endogroupe et rebuter la résolution de conflits intergroupes.

Lorsqu'un sujet est confronté à une identité sociale défavorable, nous faisons l'hypothèse qu'il montrera des tendances à se distancier de cette identité en faveur d'une identification à une autre catégorie, lorsque ceci est possible. Cette tendance à la recatégorisation devrait augmenter avec la confrontation à l'Histoire de collaboration de son groupe d'appartenance et il devrait s'identifier davantage à l'Europe qu'à sa nation. La manipulation de la catégorisation à travers les deux différentes conditions de représentation de l'Histoire française nous permet de tester plusieurs sous-hypothèses qui portent sur les conséquences de la manipulation de la représentation de l'Histoire. Nous supposons ainsi que la mise en évidence d'une représentation favorable au propre groupe (condition aide) augmentera la distance perçue envers un groupe d'anciens adversaires, tandis que rendre saillante une représentation négative du comportement de l'endogroupe (condition persécution) augmentera la similitude perçue entre l'exogroupe d'anciens malfaiteurs et l'endogroupe.

Des Français confrontés à l'Histoire française de persécution des Juifs devraient – juste après avoir lu une description de la participation de compatriotes aux crimes – montrer une tendance à catégoriser la Shoah en tant que phénomène universel et non pas comme fait unique et essentiellement allemand. La confrontation à l'Histoire de persécution de sa nation devrait favoriser la volonté à accorder le pardon intergroupe, tandis que la lecture sur l'Histoire d'aide défavorisera la volonté à l'accord du pardon intergroupe. En référence aux résultats de Wohl et Branscombe (2005), on peut également tester l'hypothèse que la perception de l'universalité de l'Holocauste module l'effet de la catégorisation historique sur le pardon intergroupe. Pareillement sera vérifiée l'hypothèse inférée des travaux de ces auteurs, selon laquelle la similitude perçue entre Français et Allemands module l'effet attendu de la catégorisation sur le pardon intergroupe.

Méthode

Participants et passation

Il fut demandé à des participants français ($N = 98$) de lire un texte, puis de donner leur avis sur onze items. Les sujets furent répartis par hasard sur deux conditions expérimentales du texte proposé (cf. chapitre suivant). Texte et items furent ajoutés à la fin de deux différentes enquêtes réalisées auprès d'étudiants de psychologie à l'université de Toulouse Le Mirail. L'une porte sur la représentation de l'Histoire mondiale (« Histoire »), l'autre est une étude comparative rémunérée sur le pardon intergroupe et l'Histoire national-socialiste (« NS & pardon », la rémunération par questionnaire rempli fut de 5 euros ; pour plus de détails, cf. tableau 1). Après avoir rempli le questionnaire, les étudiants (*N* = 69) devaient trouver une personne plus âgée que 40 ans prête à participer à la même enquête (*N* = 29). Ceci était nécessaire, car la deuxième enquête prévoyait des analyses selon l'âge des participants. La passation durait de 30 à 40 minutes en tout. Les réactions pour les deux enquêtes furent majoritairement positives (« intéressant », « thème important », « original ») ; pour quelques sujets certaines des questions sur le pardon intergroupe furent difficiles à saisir.

Le papier présent traite uniquement les réponses sur la dernière page expérimentale et les informations démographiques, et non pas l'entité des deux enquêtes. Pour les analyses effectuées, 5 sujets furent exclus après passation pour des raisons de double nationalité ou nationalité étrangère. L'âge moyen des sujets est de 28,88 ans (de 18 à 79 ans, *SD* =14,78). Vingt-cinq sujets sont des hommes, 73 sont des femmes.

Manipulation expérimentale inter-sujets : représentation de l'Histoire française (1939-1945)

Les participants devaient lire attentivement un texte biographique sur une personne française réelle, qui avait vécu durant la Seconde Guerre mondiale et soit avait participé à la persécution de Juifs (condition persécuteur), soit avait risqué sa vie afin de sauver celle de personnes juives (condition aide). Les deux textes se trouvent dans l'annexe. Les sujets furent repartis de façon arbitraire à une des deux conditions. Quarante-six participants furent attribués à la condition « persécuteur », 52 à la condition « aide » (cf. tableau 1).

Tableau 1 : Effectifs de participants, tableau croisé : enquête * comportement

Comportement du caractère principal de l'histoire	Enquête à laquelle le questionnaire fut ajouté		
	NS & Pardon intergroupe	Histoire du monde	N Total
Persécuter des Juifs	37	15	52
Aider des Juifs	31	15	46
N Total	68	30	98

Mesures dépendantes

Après avoir lu une des histoires proposées les participants devaient évaluer dix items sur des échelles de type Likert en 7 points allant de « *fortement en désaccord* » (1) à « *tout à fait d'accord* » (7) selon la méthode de mesures auto-indiquées (cf. McCullough *et al.*, 2001b). Un dernier item fut proposé afin de contrôler la manipulation expérimentale à travers les reproches faits envers le groupe d'appartenance : « Les Français auraient pu faire plus d'efforts pour aider à sauver les Juifs ». Puis cinq autres items, adaptés de Wohl et Branscombe (2005), furent proposés aux participants pour mesurer leurs réponses suite à la manipulation de perspective. La volonté d'accorder le pardon aux Allemand(e)s contemporain(e)s fut mesurée par deux items : « On devrait pardonner aux Allemands d'aujourd'hui ce que leurs ancêtres ont fait subir aux juifs pendant la Seconde Guerre mondiale » et « Les Français devraient dépasser leurs sentiments négatifs vis-à-vis des Allemands d'aujourd'hui pour le tort causé lors de la Seconde Guerre mondiale ». La similitude perçue entre Allemands et Français contemporains fut mesurée par l'item « Français et Allemands sont assez similaires ». La perception de l'universalité de l'Holocauste (« *pervasiveness* », Wohl et Branscombe, 2005) fut mesurée par deux items : « Des actions néfastes comparables à celles de l'Holocauste se sont produites tout au long de l'Histoire de l'humanité », et « Il n'y a eu aucun autre génocide semblable à l'Holocauste tout au long de l'Histoire de l'humanité » (les scores attribués au dernier item ont été inversés).

Quatre items mesurent l'intensité des *group-based feelings* des participants : « J'ai honte de ce qui s'est passé vis-à-vis des Juifs dans le passé », « Je me sens coupable pour ce que les Juifs ont subi dans le passé », « Je regrette ce qui s'est passé vis-à-vis des Juifs dans le passé », « Je me sens moralement responsable pour le tort que les Juifs ont subi dans le passé ».

Somme toute les participants devaient se positionner sur une échelle avec les pôles « Je me sens avant tout comme Français(e) » (1) et « Je me sens avant tout comme Européen(ne) » (7) afin de mesurer leur positionnement identitaire entre identité nationale et européenne, leur tendance à la recatégorisation.

Résultats

Analyses

Effet du genre sur les variables dépendantes. Un t-test pour des échantillons indépendants indique seulement pour le regret une différence de moyennes significative due au genre parmi les onze distributions de scores des variables dépendantes, $M_F = 5{,}78$; $SD = 1{,}65$; $M_M = 6{,}72$; $SD = {,}54$; $t(96) = -2{,}78$; $p < {,}006$. Les femmes indiquent significativement moins de regret pour la souffrance des Juifs durant l'époque du Troisième Reich que les hommes. Car l'analyse de variance à deux facteurs (genre*comportement) ne montre aucun effet d'interaction ($F(1,94) = {,}198$; $p < {,}657$), l'effet du genre ne semble pas biaiser notre expérimentation. Les scores des deux genres furent alors analysés sans aucune distinction.

Effet du contexte historique saillant sur les variables dépendantes. L'analyse de variances à un facteur révèle des différences significatives entre les distributions des participants aux deux enquêtes (l'Histoire mondiale versus l'Histoire national-socialiste, cf. tableau 1 pour les effectifs) pour les sentiments de culpabilité ($M_{Histoire} = 3{,}37$; $SD = 1{,}94$; $M_{NS\ \&\ Pardon} = 2{,}49$; $SD = 1{,}7$; $F(1{,}96) = 5{,}01$, $p < {,}03$), de regret ($M_{Histoire} = 5{,}57$; $SD = 1{,}79$; $M_{NS\ \&\ Pardon} = 6{,}22$; $SD = 1{,}33$; $F(1{,}96) = 4{,}05$; $p < {,}05$) et d'universalité de l'Holocauste ($M_{Histoire} = 4{,}86$; $SD = 1{,}04$; $M_{NS\ \&\ Pardon} = 5{,}53$; $SD = 1{,}45$; $F(1{,}89) = 4{,}46$; $p < {,}04$). Des individus ayant participé à une enquête sur le pardon intergroupe et l'Histoire national-socialiste indiquent dans un moindre degré de la culpabilité pour les souffrances des Juifs dans le passé, tandis que leur niveau de regret et leur accord avec l'hypothèse de l'universalité de l'Holocauste est plus important comparé avec les indications des participants à l'enquête sur l'Histoire mondiale. En même temps, les réponses des sujets concernant le pardon intergroupe, les reproches, la similitude perçue, la honte, la responsabilité et la recatégorisation ne montrent aucun effet significatif de l'enquête. Une analyse de variance univariée ne montre aucun effet d'interaction entre les facteurs enquête*comportement sur les variables respectives (reproches envers l'endogroupe, universalité de l'Holocauste, similarité perçue, pardon intergroupe, culpabilité, regret, honte, responsabilité et recatégorisation).

Différences des Histoires générationnelles. Seulement entre le facteur contrôlé « âge du participant » et le regret apparaît une corrélation significative ($r(98) = 250$; $p < {,}05$), indiquant que les Français plus âgés perçoivent plus de regret pour le passé que les Français plus jeunes. Car il n'y a pas d'effet d'interaction entre l'âge et la condition expérimentale sur les variables dépendantes, les analyses furent effectuées sans faire aucune distinction.

Effets de l'expérimentation

Contrôle de la manipulation expérimentale. L'effet de la manipulation fut contrôlé en termes d'intensité des reproches envers l'endogroupe que les participants expriment après lecture de la biographie. L'analyse de variance révèle des différences significatives du niveau des reproches exprimés selon le comportement qui a été décrit dans la biographie, $F(1{,}96) = 7{,}43$; $p < {,}008$; $\eta^2_p = {,}07$. Comme attendu, les participants ayant lu une biographie sur un Français qui persécute les Juifs sont davantage d'accord avec la proposition que les Français auraient pu faire plus d'efforts pour aider à sauver les Juifs ($M = 5{,}77$;

SD = 1,18) que les participants ayant lu une biographie sur une Française qui aide des Juifs (*M* = 5,11 ; *SD* = 1,22). Cette différence est statistiquement significative ; $t(96) = 2,73$; $p < ,008$. La manipulation de la représentation du rôle joué par l'endogroupe français au cours de l'Histoire a donc réussi.

Universalité de l'Holocauste. Un score de l'universalité de l'Holocauste perçue fut calculé sur la base de la moyenne des scores aux deux items mesurant ce concept. Malgré un coefficient alpha (Cronbach) peu satisfaisant (α = ,55) nous avons gardé la mesure qui fut inspirée par Wohl & Branscombe (2005). En accord avec nos prédictions nous avons trouvé que les participants qui lisent une biographie sur un persécuteur français considèrent l'Holocauste plus universel (*M* = 5,43 ; *SD* = 1,38) que ceux qui lisent une biographie sur une « Juste des Nations » française (*M* = 5,26 ; *SD* = 1,38). Malgré cela, cette différence n'est pas significative, $F(1,89) = ,35$; n.s. Il est à remarquer que la moyenne sur la totalité des conditions (*M* = 5,34 ; *SD* = 1,37) indique que l'Holocauste n'est pas vu comme un fait uniquement allemand mais comme un phénomène relativement universel.

Recatégorisation. La manipulation de la représentation de l'Histoire a des effets significatifs sur la tendance des sujets à la recatégorisation : des sujets dans la condition aide s'identifient plus à la France qu'à l'Europe (*M* = 2,91 ; *SD* = 1,23), que des sujets dans la condition persécuteur. Ces derniers s'identifient plus à l'Europe (*M* = 3,38 ; *SD* = 1,52) ; $F(1,94) = 2,71$; $p < ,05$ (unilatéral) ; $\eta^2_p = ,028$. L'hypothèse (5) a donc été confirmée.

Similitude perçue. La manipulation de la représentation de l'Histoire a un effet significatif sur la similitude perçue entre Français et Allemands, $F(1,96) = 5,08$; $p < ,03$; $\eta^2_p = ,05$. En accord avec notre hypothèse les participants qui lisent une biographie sur un persécuteur français perçoivent une plus grande similitude entre Français et Allemands (*M* = 5,23 ; *SD* = 1,45) que ceux lisant une biographie sur une Française qui aidait des Juifs (*M* = 4,57 ; *SD* = 1,47).

Volonté à accorder le pardon intergroupe. Le score calculé de la volonté à accorder le pardon intergroupe correspond à la moyenne des scores qui se réfèrent aux deux items répondant à ce concept (*α* = ,64). Il n'y a pas de différences significatives dues à la manipulation expérimentale ($F(1,95) = ,630$; n.s.). Contrairement aux attentes les résultats démontrent que la volonté à accorder le pardon intergroupe est plus importante lorsque les participants lisent une biographie sur une Juste des Nations française (*M* = 5,73 ; *SD* = 1,33) que lorsqu'ils lisent une biographie sur un persécuteur français (*M* = 5,52 ; *SD* = 1,26).

Tableau 2 : Effets des représentations de l'Histoire : Moyennes et écarts types

Variable dépendante	Condition expérimentale	
	Persécution (N=52)	Aide (N=46)
Reproches envers l'endogroupe [a]	5,77 (1,18)	5,11 (1,22)
Similitude perçue [a]	5,23 (1,45)	4,57 (1,47)
Unicité de l'Holocauste	5,43 (1,38)	5,26 (1,38)
Accord du pardon intergroupe	5,52 (1,26)	5,73 (1,33)
Recatégorisation [a]	3,38 (1,52)	2,91 (1,23)
Culpabilité [a, b]	3,13 (2,00)	2,33 (1,54)
Responsabilité morale [a, b]	2,65 (1,77)	2,04 (1,67)
Honte	4,90 (1,97)	5,04 (1,67)
Regret	5,87 (1,75)	6,20 (1,17)

Remarques. Moyennes et (entre parenthèses) écarts-types à l'intérieur du tableau. Pour toutes les distributions des variables dépendantes (VD) le test de Kolmogorov-Smirnoff est significatif, sauf pour l'Unicité de l'Holocauste dans la condition « Juste » avec *ps* = ,07. Toutes les mesures ont été effectuées sur des échelles de 1 à 7 points.

[a] La différence de moyennes des deux conditions est significative.

[b] Le test de Levene est significatif : les variances des distributions ne sont pas homogènes.

Sentiments moraux. L'analyse d'ANOVA univariée indique aucun effet significatif de la manipulation sur la honte ($M_{\text{Persécuteur}} = 4{,}90$; $SD = 1{,}97$; $M_{\text{aide}} = 5{,}04$; $SD = 1{,}67$) ; $F(1{,}96) = {,}141$; n.s.) et sur le regret ($M_{\text{Persécuteur}} = 5{,}87$; $SD = 1{,}75$; $M_{\text{aide}} = 6{,}20$; $SD = 1{,}17$) ; $F(1{,}96) = 1{,}18$; n.s.). Par contre, les effets de la manipulation de représentation de l'Histoire sont marginalement significatifs pour les sentiments de responsabilité morale et de culpabilité ($M_{\text{Persécuteur}} = 2{,}65$; $SD = 1{,}77$; $M_{\text{aide}} = 2{,}04$; $SD = 1{,}67$) ; $F(1{,}96) = 3{,}36$; $p < {,}07$; $\eta^2_p = {,}03$). Le niveau d'expression de culpabilité des individus dans la condition persécution était supérieur à celui des individus dans la condition aide ; $M_{\text{Persécuteur}} = 3{,}13$; $SD = 2{,}00$; $M_{\text{aide}} = 2{,}33$; $SD = 1{,}54$. Cette différence est statistiquement significative ; $F(1{,}96) = 4{,}94$; $p < {,}03$; $\eta^2_p = {,}05$. L'hypothèse selon laquelle l'expression de sentiments moraux serait plus intense dans la condition persécution, et moins intense dans la condition aide se confirme pour la culpabilité et en partie pour la responsabilité morale.

Discussion et conclusions

Grosso modo la manipulation de la représentation de l'Histoire a réussi à induire des réactions psychologiques importantes. Telles que prévues, des différences statistiquement significatives ont été trouvées entre la condition « persécuteur » défavorable et la condition « aide » favorable à l'endogroupe français. Comme prédit, les sujets qui ont lu la biographie d'un persécuteur de Juifs français expriment des reproches plus intenses envers l'endogroupe français et perçoivent plus de similitudes entre les Français et les Allemands que les sujets qui ont lu la biographie d'une Française ayant aidé des Juifs. Également en accord avec l'hypothèse les sujets de la condition persécuteur soutiennent plus fortement l'idée que le génocide est un fait universel et non pas typiquement allemand ; cette différence n'était pas significative. Un effet du contexte de l'enquête à laquelle le questionnaire fut ajouté (Histoire du monde versus national-socialisme & pardon intergroupe) indique que rendre saillant la Shoah et questionner les relations contemporaines entre anciens adversaires affecte également l'acceptation de la thèse de l'universalité de l'Holocauste. Les sujets qui avant de participer à l'expérimentation avaient répondu à l'enquête sur le national-socialisme et le pardon intergroupe pensent davantage que des génocides tels que l'Holocauste sont des phénomènes universels en comparaison avec les sujets ayant participé à une enquête sur l'Histoire mondiale. Néanmoins cet effet de saillance de l'Histoire allemande négative ne constitue pas de biais à la manipulation expérimentale.

Le rappel de l'Histoire française de persécution des Juifs favorise la recatégorisation : les sujets dans la condition d'aide aux Juifs s'identifient plus à la France, tandis que les sujets dans la condition persécution des Juifs s'identifient davantage à l'Europe, au détriment d'une identification avec la France. Ces résultats vont dans le sens de l'hypothèse émise basée sur la théorie de l'identité sociale (Tajfel & Turner, 1979) selon laquelle la confrontation avec une représentation de l'Histoire nationale défavorable à l'endogroupe encourage la tendance à la recatégorisation. Le sujet qui cherche à avoir une identité sociale lui permettant d'entretenir une estime de soi collective positive tend à s'identifier avec l'Europe, lorsqu'il attribue une participation aux crimes du Troisième Reich à sa nation. Comme pronostiqué, l'identité sociale du transgresseur favorise la distanciation du groupe, que ce soit chez les Allemands (Reuter, 2007), chez les Français comme dans la présente étude ou chez les Polonais comme l'indique une étude préliminaire polonaise qui est en cours. Seulement le niveau sur lequel cet effet a lieu diffère : sur une échelle standardisée les Français et les Polonais indiquent de s'identifier quand même plus fortement à leur nation, et les Allemands s'identifient plus fortement à l'Europe.

On peut conclure que la présente expérimentation soutient les résultats antérieurs de Wohl et Branscombe (2005) concernant l'effet du niveau de catégorisation sur les attitudes envers la perception de l'universalité de l'Holocauste, la similitude perçue entre l'endogroupe ambigu et l'exogroupe d'anciens transgresseurs et la tendance à la recatégorisation. Mais si le rappel d'une représentation de l'Histoire négative accroît la similitude perçue entre Français et Allemands, il n'a pas d'effet significatif sur l'accord du pardon intergroupe, contrairement aux attentes développées sur la base des travaux de Wohl et Branscombe. Il paraît que dans certains contextes la volonté à accorder le pardon se laisse difficilement influencer, une difficulté qui a déjà été trouvée lorsque Philpot et Hornsey (2008) investiguaient les effets de l'excuse sur le pardon intergroupe auprès d'un échantillon d'Australiens. Dans notre cas, malgré la saillance de l'appartenance des Français à la même catégorie de persécuteurs, aucun biais pro-endogroupe sous forme de volonté à l'accord du pardon n'apparaît. Ce résultat pourrait s'expliquer par un effet de plafond, mais il s'oppose néanmoins à la généralisation des expériences de Wohl et Branscombe et forme une limite à la théorie de l'identité sociale (Tajfel & Turner, 1979).

Prendre la perspective d'aide accroît la perception de honte et de regret, mais diminue celle de responsabilité et de culpabilité. Le rappel de l'Histoire vu dans la perspective du persécuteur favorise l'expression de culpabilité et de responsabilité morale, mais non pas de honte et de regret. Ceci nous amène à supposer qu'il existe deux familles de sentiments qui représentent les différentes facettes de réactions affectives aux représentations de l'Histoire : honte et regret d'un côté, culpabilité et responsabilité morale de l'autre côté. Reste à développer un paradigme permettant d'examiner lesquelles sont les phénomènes sous-jacents qui interviennent dans cette relation entre la représentation de l'Histoire et l'intensité des sentiments liés à l'appartenance groupale afin d'expliquer les différences repérées.

L'étude donc soutient l'hypothèse que confronter les Européens à des épisodes ambigus de leur histoire nationale peut inciter des réponses psychologiques importantes, allant de l'identification (nationale vs. européenne) aux émotions collectives. Des résultats similaires ont été observés en Pologne par notre collègue Michal Bilewicz. Dans leur ensemble, ces études montrent que la façon dont nous racontons l'histoire nationale de la Deuxième Guerre mondiale joue un rôle important dans la construction de l'identité européenne, telle qu'elle est ressentie par nos concitoyen(ne)s.

Bibliographie

Brown, R., González, R., Zagefka, H., Manzi, J. & Cehajic, S. (2008). Nuestra Culpa : Collective Guilt and Shame as Predictors of Reparation for Historical Wrongdoing. *Journal of Personality and Social Psychology*, 94, 1, 75-90.

Branscombe, N. R. & Doosje, B. (2004). International Perspectives on the Experiment of Collective Guilt. In N.R. Branscombe & B. Doosje (eds.), *Collective Guilt : International Perspectives* (pp. 3-15). New York : Cambridge University Press.

Branscombe, N. R., Doosje, B. & McGarty, C. (2002). Antecedents and consequences of collective guilt. In D. M. Mackie & E. R. Smith (eds.), *From prejudice to intergroup emotions : Differentiated reactions to social groups* (pp. 44-66). Philadelphia : Psychology Press.

Doosje, B., Branscombe, N., Spears, R. & Manstead, A. (1998). Guilty by Association : When One Group Has a Negative History. *Journal of Personality and Social Psychology*, 75, 4, 872-886.

Dresler-Hawke, E. & Liu, J.H. (2006). Collective Shame and the Positioning of German National Identity. *Psicología Política*, 32, 131-153.

Hilton, D. J., Erb, H.-P., McDermott, M. & Molian, D. J. (1996). Social representations of history and attitudes to European unification in Britain, France, and Germany. In G. Breakwell & E. Lyons (eds.), *Changing European Identities : Social psychological analyses of social change* (pp. 275-295). Oxford : Butterworth-Heinemann.

Imhoff, R., Bilewicz, M. & Erb, H.-P. (2012). Collective regret versus collective guilt : Different emotional reactions to historical atrocities. *European Journal of Social Psychology*, *42*, 729-742.

Lebow, R.N. (2006). The memory of Politics in Postwar Europe. In R.N. Lebov, W. Kantsteiner & C. Fogu (eds.), *The Politics of Memory in Postwar Europe* (pp. 1-39). Durham, N.C. : Duke University Press.

Leyens, J.-P., Rodriguez-Perez, A., Rodriguez-Torres, R., Gaunt, R., Paladino, M.-P., Vaes, J. & Demoulin, S. (2001). Psychological essentialism and the differential attribution of uniquely human emotions to ingroups and outgroups. *European Journal of Social Psychology*, 31, 4, 395-411.

Leyens, J.P. et Yzerbyt, V. (1997). *Psychologie Sociale*. Bruxelles : P. Mardaga.

McCullough, M.E., Hoyt, W.T. & Rachal, K.C. (2000b). What we know (and need to know) about assessing Forgiveness constructs. In M.E. McCullough, K.I. Pargament & C.E. Thoresen (eds.), *Forgiveness : Theory, Research, and Practice* (pp. 65-88). New York : Guilford.

McCullough, M.E., Pargament, K.I., Thoresen, C.E. (2000a). Psychology of NS & Pardonness : History, Conceptual Issues, and Overview. In M.E. McCullough, K.I. Pargament & C.E. Thoresen (eds.), *Forgiveness : Theory, Research, and Practice* (pp. 1-14). New York : Guilford.

Philpot, C.R. & Hornsey, M.J. (2008). What Happens When Groups Say Sorry : The Effect of Intergroup Apologies on Their Recipients. *Personality and Social Psychology Bulletin*, 34, 4, 474-487.

Reuter, K.I. (2007). *Nostra Molestia : Effets de la commémoration de l'Holocauste en Allemagne.* (Thèse de Mémoire de Master 1 en Psychologie Sociale, Université de Toulouse Le Mirail, 2007).

Reuter, K.I. & Hilton, D. (2008). *Germans' reported experience of moral emotions in response to reminders of their country's Nazi past.* Opatija, Croatia : 15th General Meeting of the European Association for Experimental Social Psychology.

Tam, T., Hewstone, E.C., Tausch, N., Maio, G. & Kenworthy, J. (2007). The Impact of Intergroup Emotions on Forgiveness in Northern Ireland. *Group Processes & Intergroup Relations. 10*, 119-136.

Tajfel, H. & Turner, J.C. (1979). An Integrative Theory of Intergroup Conflict. In Austin, W.G. et Worchel, S. (eds.), *The Social Psychology of Intergroup Relations.* (pp. 33-47). Monterey, California : Brooks/Cole.

Tutu, D. (1999). *No future without Forgiveness*. London : Random House.

Wohl, M. J. A. & Branscombe, N. R. (2005). Forgiveness and Collective Guilt Assignment to Historical Perpetrator Groups Depend on Level of Social Category Inclusiveness. *Journal of Personality and Social Psychology*, 88, 2, 288-303.

Wohl, M.J.A. & Branscombe, N.R. (2004). Importance of Social Categorization for Forgiveness and Collective Guilt Assignment for the Holocaust. In N.R. Branscombe & B. Doosje (eds.), *Collective Guilt : International Perspectives* (pp. 284-305). New York : Cambridge University Press.

Yzerbyt, V. & Schadron, G. (1996). *Connaître et juger autrui : une introduction à la cognition sociale*. Grenoble : Presses universitaires Grenoble.

Zebel, S., Doosje, B. & Spears, R. (2004). It Depends on Your Point of View : Implications of Perspective-Taking and National Identification for Dutch Collective Guilt. In N.R. Branscombe & B. Doosje (eds.), *Collective Guilt : International Perspectives* (pp. 148-168). New York : Cambridge University Press.

Zimmermann, A., Abrams, D., Doosje, B. & A.S.R. Manstead (2011). Causal and moral responsibility : Antecedents and consequents of group-based guilt. *European Journal of Social Psychology*, 41, 825-839.

Annexe 1 : Manipulation expérimentale

La France et la Persécution des Juifs (Condition persécuteur) : Le cas de Paul Touvier, service d'ordre légionnaire et Milice française

Un ensemble de documents publié par le mémorial Yad Vashem en Israël établit le rôle joué par la police française en ce qui concerne sa participation à la persécution des Juifs après la prise de pouvoir national-socialiste. Paul Touvier fut l'un de ceux qui ont été condamnés pour crimes contre l'humanité liés à la guerre. Il était le responsable régional d'une milice pro-national-socialiste qui avait été créée par le gouvernement de Vichy. Touvier organisait la persécution des Juifs et la répression de la Résistance. Il conduisait des interrogatoires serrés et dirigeait des rafles suite auxquelles plus de 60 personnes furent encerclées et déportées aux camps de la mort. De son côté, Touvier tirait profit de la fortune des déportés. Le 29 juin 1944, Paul Touvier fit fusiller sept Juifs pris en otage, pour venger l'assassinat du secrétaire d'État à l'information et la propagande Henriot, qui avait été tué la veille. Juste après la guerre Touvier fut condamné à mort pour trahison et intelligence avec l'ennemi, aide à la torture et assassinat de membres de la Résistance. Il entrait dans la dissimulation et échappait aux lois jusqu'en 1989. Lors d'un nouveau procès, Touvier fut condamné à perpétuité pour l'assassinat des sept Juifs.

La France et l'aide aux Juifs persécutés (Condition aide) : Le cas de Raoul Laporterie, activiste engagé

Pour leur « compassion, courage et moralité » montrés durant la Seconde Guerre mondiale le mémorial Yad Vashem en Israël rend honneur à des personnes non juives, qui ont risqué leur vie afin de secourir et sauver celle de personnes juives. Raoul Laporterie fut l'un de ceux qui se sont engagés à réduire la souffrance d'un grand nombre de Juifs. Pendant l'occupation il sauva des centaines de Juifs et de Chrétiens qui voulaient échapper aux Allemands en s'enfuyant vers la zone libre. C'est dans le cadre de son travail que Laporterie a eu la possibilité de communiquer entre les deux secteurs. Les Allemands lui permettaient d'outrepasser le point de contrôle. De ce fait il pouvait transporter des lettres, des vêtements, des bijoux, de l'argent et des passagers à travers la ligne de démarcation. L'assistance que Laporterie apportait aux réfugiés ne s'arrêtait pas là. Non seulement il leur donna des faux papiers, mais aussi il les hébergeait. Ainsi Laporterie montra le chemin vers la sécurité à de nombreux réfugiés. Il risqua sa propre vie et celle de sa famille. Le 18 mars 1976, *Raoul Laporterie* fut honoré par Yad Vashem, qui *lui décerna le titre de Juste des Nations, « Righteous among the Nations »*.

Annexe 2 : Questionnaire

Veuillez indiquer votre degré de désaccord (1) ou d'accord (7) avec chacune des propositions suivantes. Il n'y a pas de bonne ni de mauvaise réponses. La meilleure réponse est <u>ce que vous ressentez spontanément.</u>	**Fortement en désaccord** ↓			**Neutre** ↓			**Tout à fait d'accord** ↓
1. Les Français auraient pu faire plus d'efforts pour aider à sauver les Juifs.	1	2	3	4	5	6	7
2. On devrait pardonner aux Allemands d'aujourd'hui de ce que leurs ancêtres ont fait subir aux juifs dans le passé.	1	2	3	4	5	6	7
3. Les Français devraient dépasser leurs émotions négatives vis-à-vis des Allemands d'aujourd'hui pour le tort causé lors de la Seconde Guerre mondiale.	1	2	3	4	5	6	7
4. Français et Allemands sont assez similaires.	1	2	3	4	5	6	7
5. Des actions néfastes comparables à celles de l'Holocauste se sont produites tout au long de l'Histoire de l'humanité.	1	2	3	4	5	6	7
6. Il n'y a eu aucun autre génocide semblable à l'Holocauste tout au long de l'Histoire de l'humanité.	1	2	3	4	5	6	7
7. J'ai honte de ce qui s'est passé vis-à-vis des Juifs dans le passé.	1	2	3	4	5	6	7
8. Je me sens coupable pour ce que les Juifs ont subi dans le passé.	1	2	3	4	5	6	7
9. Je regrette ce qui s'est passé vis-à-vis des Juifs dans le passé.	1	2	3	4	5	6	7
10. Je me sens moralement responsable pour le tort que les Juifs ont subi dans le passé	1	2	3	4	5	6	7

Veuillez vous positionner sur un continuum entre les deux pôles indiqués ci-dessous :								
Je me sens avant tout comme Français(e)			**Je me sens aussi bien français qu'européen**			**Je me sens avant tout comme Européen(ne)**		
	1	2	3	**4**	5	6	7	

La politique de cohésion européenne, un « instrument » de la citoyenneté ?

Thibault COURCELLE et François TAULELLE

Post-doctorant et Professeur des Universités en géographie et aménagement, Université de Toulouse, LISST CNRS (UMR 5193), Centre interdisciplinaire d'études urbaines (CIEU)

Introduction

Les institutions européennes sont souvent décrites comme lointaines, difficilement accessibles et compréhensibles pour les citoyens. La politique de cohésion européenne, qui se met en œuvre aux échelles locales et régionales, montre pourtant que l'Europe est aussi une construction concrète. La politique de cohésion est l'une des politiques les plus visibles de l'Union. En effet, elle représente le deuxième poste des dépenses après la PAC (Politique agricole commune) et les actions financées se matérialisent directement dans les villes, les régions, les quartiers où se déploie la bannière étoilée de l'Europe. C'est l'une des expressions les plus concrètes de l'intégration européenne : une aide financière au montage de projets de développement.

Pour de nombreux responsables politiques européens, cette politique de cohésion est donc très importante, voire indispensable, pour rapprocher les citoyens de l'Europe, et, à ce titre, elle est perçue comme un « instrument » de la citoyenneté européenne. Pour Jacques Delors, président de la Commission européenne de 1985 à 1995 :

> La politique de cohésion est une façon de rendre le projet européen plus accessible aux citoyens européens et de remédier au déficit démocratique. Les milliers de projets financés au titre de la politique de cohésion prouvent aux citoyens de base que l'Europe travaille pour eux[1].

---

[1] Jacques Delors, « Réflexions sur la politique de cohésion », revue *Panorama* de la Commission européenne, automne 2012, n° 43, p. 6.

Pour Michel Barnier, Commissaire européen à la politique régionale[2] de 1999 à 2004 :

> La politique de cohésion européenne est l'une des politiques communautaires les plus visibles et les plus concrètes, car elle permet d'améliorer directement la qualité de vie de nombreux citoyens de l'UE[3].

Pourtant, les arguments avancés ici ne pourraient-ils pas tout aussi bien se retourner contre ceux qui les formulent ? Comment sont appréhendés les panneaux de chantier portant la mention européenne par les Européens ? Participent-ils vraiment au renforcement d'un sentiment de citoyenneté européenne ?

Les objectifs de la politique régionale sont ambitieux : garantir le développement harmonieux de tous les territoires européens tout en renforçant leur cohésion et celle de leurs populations. Si de nombreux ouvrages ont analysé les effets de la politique régionale sur les territoires européens, la perception de cette politique par les citoyens et l'impact de cette politique sur le sentiment de citoyenneté européenne restent encore largement méconnus. Il convient donc de revenir succinctement sur la genèse et le développement de cette politique, de tenter de mesurer son impact et sa perception par les populations européennes, et de comprendre les limites de cette politique qui cherche encore ses marques.

I. Une politique qui monte en puissance depuis 1957

La politique régionale européenne n'est pas le premier instrument développé dès les premiers temps de la construction européenne. Pourtant elle est aujourd'hui le second poste du budget de l'Union après la PAC.

A. Une lente émergence au sein d'un budget européen longtemps monopolisé par la PAC

En 1957 au moment de la signature des Traités de Rome, les différences de développement entre régions sont bien perceptibles. Ainsi en Italie, le succès du livre de Carlo Levi, *Le Christ s'est arrêté à Eboli*, portrait du Mezzogiorno en perdition, ou encore l'ouvrage de Jean-François Gravier, *Paris et le désert français*, construisent en Italie et en France le socle géographique des politiques d'aménagement du territoire. Le préambule du Traité de Rome porte d'ailleurs mention de ces écarts de développement. Le texte indique que les signataires sont

---

2 La « politique de cohésion » de l'Union européenne (UE) est également appelée « politique régionale » de l'UE car l'éligibilité des fonds structurels est établie sur une base régionale.

3 Michel Barnier, « Interview », revue *Panorama* de la Commission européenne, automne 2000, n° 1, p. 2.

« soucieux de renforcer l'unité de leurs économies et d'en assurer le développement harmonieux en réduisant l'écart entre les différentes régions et le retard des moins favorisées ». Pourtant rien de concret n'est proposé ensuite pour corriger ces déséquilibres socio-spatiaux. Les chefs d'États et de gouvernement, fortement influencés par l'analyse des économistes néo-classiques, font confiance aux mécanismes du marché pour, à travers la « main invisible », rééquilibrer « naturellement » les économies régionales. Dans ce contexte, toute intervention directe de l'Union est proscrite.

Cependant, rien ne se passe comme prévu en la matière : avec la crise économique des années 1973 et suivantes, les chefs d'État et de gouvernements, incités par différents rapports produits par la Commission européenne, mettent en place en 1975 le Fonds européen de développement régional (FEDER) sous l'impulsion des Britanniques[4], créant ainsi un instrument financier pour aider les territoires les plus en crise. Les élargissements successifs de l'Union européenne vers des États présentant de forts différentiels de développement ont considérablement accentué les disparités régionales au sein de l'UE. Lorsque la Grèce, l'Espagne et le Portugal y ont adhéré (1981 et 1986), la proportion de citoyens vivant dans une région ayant un PIB par habitant inférieur de 30 % à la moyenne communautaire est passée de 12,5 à 20 %[5].

Mais c'est la réforme Delors de 1989 qui construit un lourd et ambitieux dispositif installant une vraie politique dite régionale. Les principes de cette politique restent encore aujourd'hui le cadre du dispositif déployé pour la période 2013-2020. Les deux derniers élargissements de 2004 et 2007 ont très fortement accru les écarts régionaux et renforcé davantage encore la nécessité d'une politique visant à garantir le développement de toutes les régions. Cette nécessité est d'ailleurs également reconnue par le traité de Lisbonne qui a complété les objectifs de cohésion économique et sociale d'un objectif de cohésion territoriale[6].

4 L'adhésion du Royaume-Uni en 1973 avait été conditionnée au fait qu'il ne devienne pas l'un des principaux contributeurs nets du budget de l'UE, soit qu'il ne donne pas plus qu'il ne reçoive. La composition de son agriculture ne lui permettant pas de bénéficier des retombées de la PAC, le FEDER est créé comme une « compensation ». (Marc Challéat, *Les Fonds structurels européens*, p. 11 et 12).

5 « Investir dans l'avenir de l'Europe », Cinquième rapport sur la cohésion économique, sociale et territoriale, Rapport de la Commission européenne, novembre 2010, p. 237.

6 Partie 3, Titre 17, articles 158 à 162 du traité de Lisbonne.

B. *Un pourcentage élevé du budget européen qui appelle à la nuance*

Les dotations des fonds structurels, qui se situaient juste en dessous des 10 milliards d'euros en 1989, atteindront 54 milliards d'euros environ d'ici à 2013, soit un tiers du budget européen. Cette croissance exceptionnelle sur une durée si courte traduit bien l'importance de cet instrument comme moyen de construire l'unité de l'Union européenne et la priorité que lui donnent les chefs d'États et de gouvernements. Ainsi, avec 36 % du budget communautaire, la politique de cohésion européenne constitue depuis 2007 le second poste de dépenses de l'Union, après la Politique agricole commune. L'enveloppe globale, pour la période 2007-2013, s'élève à 308 milliards d'euros, dont 14,3 milliards pour la France. Pour la période 2000-2006, 213 milliards d'euros ont été consacrés à cette politique, dont près de 16 milliards d'euros pour la France.

Le dispositif mis en place par l'équipe de J. Delors en 1989 est maintenu dans ses grands principes : des fonds sont attribués à des objectifs. Ces derniers peuvent faire l'objet d'un zonage du territoire européen, zonage qui distingue des types de régions à enjeux que les aides financières viennent appuyer. Ces fonds sont au nombre de trois : le FEDER, le fonds social européen (FSE) et le fonds de cohésion.

Initialement, le financement d'infrastructures, de l'emploi, et de l'aide aux entreprises était prépondérant. Au cours de l'actuelle période de programmation, environ un quart des fonds financent la recherche et l'innovation, un autre quart est destiné à l'emploi et à l'inclusion sociale, tandis qu'un peu plus de 20 % est affecté aux infrastructures de transport et 15 % aux projets environnementaux. L'évolution de la part des dépenses au cours des quatre périodes budgétaires depuis 1989 indique que l'innovation et la recherche, ainsi que l'environnement sont des priorités de plus en plus fortes pour l'UE (cf. graphiques ci-dessous).

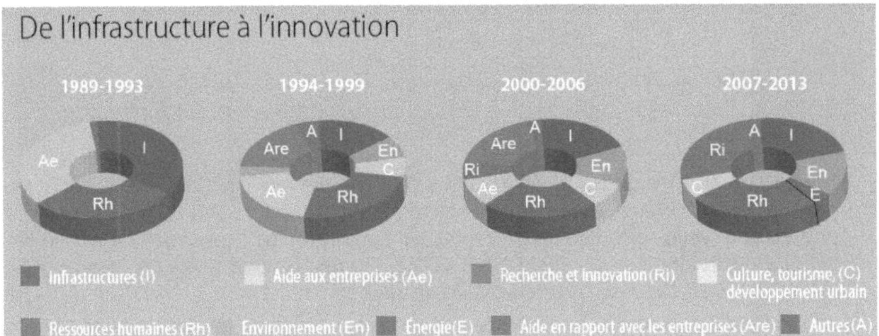

L'évolution de l'affectation des fonds de la politique régionale (*Inforegio Panorama* n° 26, 2008)

Sur la période 2007-2013, c'est l'objectif de convergence qui est le plus important en volume. Il vise à aider les régions dont le PIB par habitant est le plus faible de l'Union européenne. À travers la priorité donnée à ce volet de la politique de cohésion qui reçoit 80 % des fonds mobilisés, l'Union européenne affirme le principe de solidarité qui guide cette action. Les deux autres objectifs traduisent aussi des priorités de l'UE : l'appui au développement économique des territoires les plus avancés (compétitivité) et le rapprochement par la coopération territoriale des régions en Europe (Interreg).

Cette solidarité, si elle est affirmée clairement par l'importance donnée à l'objectif de convergence, doit être nuancée comme nous le verrons. Soulignons pour l'instant qu'avec un budget européen représentant environ 1 % de la richesse des États, l'ambition de la solidarité est bien limitée. Ainsi la Commission européenne dans les rapports sur la politique de cohésion reconnaît la portée de cette action mais aussi que « la solidarité commence d'abord chez soi » à savoir par les mécanismes nationaux de solidarité, c'est-à-dire les politiques publiques nationales qui redistribuent en Europe, en moyenne près de 50 % du PIB des États.

II. Comment mesurer l'impact de cette politique sur le citoyen européen ?

La politique de cohésion européenne est le second poste de dépenses de l'UE et est donc l'un de ces principaux instruments d'action sur le territoire. Au regard de son importance, il existe relativement peu de moyens qui permettent d'évaluer son impact sur le territoire et auprès des citoyens européens ainsi que les représentations qu'ils ont de cette politique.

A. Les images des projets financés et l'obligation de publicité européenne

Dans l'objectif de toucher directement les citoyens pour qu'ils se rendent compte que la politique de cohésion contribue directement à leur qualité de vie, l'UE a mis en place en matière de communication l'obligation de publicité européenne. Pour tout projet bénéficiaire d'une subvention européenne du FEDER ou du FSE et portant sur l'achat d'un objet physique ou sur le financement d'infrastructure et de construction, dont le coût total public est supérieur à 500 000 euros, le maître d'ouvrage du projet doit obligatoirement placer un panneau d'affichage sur le ou les sites pendant toute la durée des travaux. Le panneau doit « être visible et de taille significative » et doit comporter, sur au moins 25 % de sa surface, le drapeau européen et la mention :

> Ce projet est cofinancé par l'Union européenne. L'Europe s'engage en région X avec le [Fonds européen de développement régional ou Fonds social européen][7].

Au plus tard six mois après la fin des travaux, le panneau doit être remplacé par une plaque permanente.

Pour satisfaire à cet engagement, l'UE met à disposition de chaque porteur de projet un « kit de publicité »[8] qui énumère les principales obligations en fonction du montant total du projet. Pour des réalisations financées à hauteur de plus d'un million d'euros par des fonds européens, le porteur de projet doit inviter les parlementaires européens de sa circonscription à toute manifestation publique autour du projet (pose de la première pierre, inauguration) et leur prévoir un temps de parole. Si le projet a un coût total public supérieur à 10 millions d'euros (donc plus de 2,5 millions d'euros de fonds européens), une communication complémentaire spécifique portant uniquement sur l'apport de l'UE doit être réalisée.

Pour informer et faciliter les porteurs de projet au respect de leurs obligations, l'UE met à leur disposition dans chaque région d'Europe un correspondant « communication Europe » chargé d'apporter une assistance technique, voire même une assistance financière pour régler une partie des frais de communication. L'UE dispose donc d'un maillage de 271 correspondants sur tout le territoire européen, prouvant ainsi l'importance que l'institution accorde au développement de l'information sur son action.

Il revient à la charge des porteurs de projet de conserver les preuves du respect d'obligation de publicité sous peine de sanction budgétaire avec un remboursement de tout ou partie de la subvention européenne si cette obligation n'est pas respectée.

B. L'évaluation de la politique de cohésion par la Commission européenne

Tous les trois ans, la Commission européenne publie un rapport sur la cohésion économique, sociale et territoriale, dans laquelle elle présente les progrès réalisés et la contribution de l'UE, des États membres et des pouvoirs publics régionaux à ces résultats. Le cinquième rapport

---

7 Règlement (CE) n° 1828/2006 De La Commission du 8 décembre 2006, *Journal officiel de l'Union européenne*, p. 11.

8 Charte des droits et obligation en matière d'information de subvention européenne, « L'Europe s'engage pour votre projet, faites-le savoir ! », téléchargeable sur le site : http://www.europe-en-france.gouv.fr/publicite.

sur la cohésion[9] a été publié en 2010. Le prochain rapport est donc prévu pour l'automne 2013.

Les principaux sujets abordés sont les suivants :

- une analyse des disparités régionales ;
- la contribution de l'UE, des États membres et des pouvoirs publics régionaux à la politique de cohésion ;
- les incidences de la politique de cohésion ;
- l'avenir de la politique de cohésion après 2013.

Cette évaluation vise à faire le bilan de l'impact économique, social et environnemental de la politique de cohésion. Le but pour la Commission européenne dans ces rapports est de chercher comment améliorer la politique de cohésion, mais aussi de mettre en évidence ce qui a été réalisé avec l'argent des contribuables dans un objectif de responsabilisation.

Cet impact est néanmoins difficile à mesurer, étant donné que la politique de cohésion n'est qu'un facteur d'influence parmi bien d'autres : les enjeux de l'économie à l'échelle mondiale, les évolutions technologiques, la politique macroéconomique des États, etc. Tous ces facteurs jouent un rôle, tout comme les choix politiques opérés nationalement ou le comportement des entreprises. L'autre difficulté est que dans certains domaines comme l'innovation ou les transports, les effets de la politique de cohésion ne peuvent se mesurer qu'avec un certain recul et sur du long terme. Ce ne sont pas des investissements qui portent leurs fruits rapidement.

La mesure de l'impact de la politique de cohésion par la Commission européenne est donc complexe et se base sur plusieurs méthodes. L'une d'elles consiste à analyser les statistiques régionales qui montrent les évolutions en termes de PIB, d'innovation, de productivité, d'emploi et de chômage, de patrimoine naturel et bâti, etc., mais cette méthode ne mesure pas la contribution de la politique de cohésion aux changements. Qui plus est, la Commission s'est souvent focalisée sur l'évolution du PIB. Or, certains pays dans lesquels le PIB a cru n'ont pas connu un développement qualitatif aussi manifeste. Tel est le cas de l'Irlande, longtemps considéré comme le bon élève de l'Europe en raison d'une rapide croissance du PIB. Or, *Le Monde* titrait en septembre 2007, « L'Irlande enrichie a conservé les infrastructures d'un État pauvre » soulignant ainsi le déficit en équipements publics du pays alors même que la croissance économique était érigée en modèle. En réalité cet exemple indique que souvent les premiers rapports de la Commission examinaient plutôt la convergence macro-économique des États plus que

---

9 « Investir dans l'avenir de l'Europe », *op. cit.*, 304 p.

les éléments qualitatifs de la cohésion, obligeant à des analyses plus fines. Les derniers rapports tentent d'introduire davantage de dimension qualitative notamment depuis que le terme de cohésion est entré dans le vocabulaire de la politique régionale.

En dehors de ces rapports, la Commission est donc obligée de s'appuyer sur d'autres méthodes comme le suivi des programmes qui consigne, par régions, les activités et les résultats relevant de la politique de cohésion. Cependant, les indicateurs de suivi (nombre de kilomètres de routes construites, par exemple) ne fournissent aucune information à propos de l'impact social ou économique de la politique visée. C'est donc essentiellement par la modélisation macroéconomique, visant à reproduire les principaux mécanismes économiques, que la Commission tente de saisir l'effet de la politique de cohésion sur l'économie des régions.

Le graphique ci-dessous, issu de ce dernier rapport[10], permet d'identifier, à partir de la moyenne du PIB par habitant des régions européennes, le décrochage de croissance entre les régions aidées au sein de l'objectif 1 (actuel objectif de convergence) et les régions ne faisant pas partie de cet objectif.

Comparaison des taux de croissance entre les régions de l'objectif 1 et d'autres régions, 1995-2006

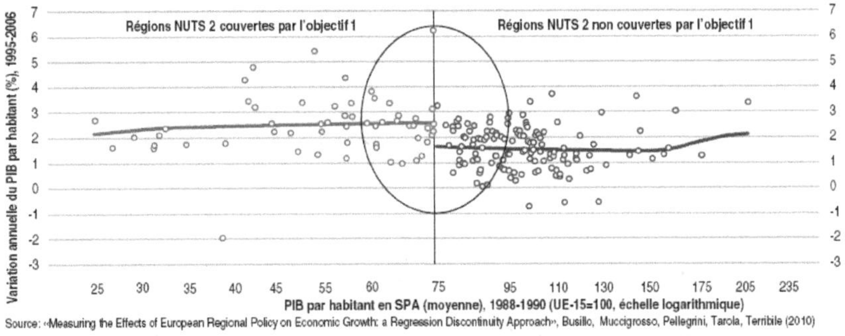

Source: «Measuring the Effects of European Regional Policy on Economic Growth: a Regression Discontinuity Approach», Busillo, Muccigrosso, Pellegrini, Tarola, Terribile (2010)

[1] La fourchette des estimations a été établie à l'aide de diverses techniques paramétriques et non paramétriques

Avec cette modélisation, la Commission européenne obtient les résultats suivants sur l'impact direct de la politique de cohésion :

– dans le domaine économique et grâce aux aides aux entreprises au cours de la période 2000-2006, sur 1,4 million d'emplois bruts créés par les États membres au cours de cette période, un million environ peut être

[10] *Ibid.*, p. 205.

attribué au soutien aux entreprises (230 000 entreprises environ ont bénéficié d'une aide financière directe et 1,7 million d'entreprises environ ont bénéficié de conseils, d'une expertise et d'une aide à la constitution de réseaux) ;

– la politique régionale a généré une hausse supplémentaire du PIB des régions de l'objectif 1 de l'UE à quinze membres (avant l'élargissement de 2004) pouvant aller jusqu'à 10 %. La Commission ajoute que ce processus tend à stimuler le commerce et les exportations des pays contributeurs nets, ce qui compense partiellement leur contribution au financement de la politique de cohésion.

Les estimations données par la Commission sur l'impact de la politique de cohésion sont difficilement vérifiables. Le bilan de cette politique y est présenté comme très largement positif pour les citoyens européens, dont il convient de mesurer la perception vis-à-vis de cette politique et de ses résultats grâce à l'eurobaromètre. De plus, les projets financés dans le cadre du Réseau transeuropéen de transport (RTE-T) ne sont pas dans la politique de cohésion. Ils ont pourtant pour but de développer de la cohésion au sein de l'UE en développant notamment les réseaux routiers/autoroutiers, ferroviaires et fluviaux, particulièrement au sein des nouveaux États membres qui en sont dépourvus.

C. La perception qu'ont les citoyens européens de cette politique

Pour évaluer l'évolution de la perception des populations vis-à-vis de l'Europe et des institutions européennes au sein de ses différents États membres, la Commission européenne a créé un organisme chargé de sonder les opinions publiques européennes dès 1973 avec la mise en place de l'Eurobaromètre.

L'Eurobaromètre constitue un outil de mesure précieux pour les chercheurs qui s'intéressent aux questions européennes. L'analyse de l'opinion publique se fait par sondages sous la forme de questionnaires administrés à au moins mille personnes dans chacun des pays membres. L'organisme compile ensuite les informations récoltées sous la forme de rapports semestriels comprenant de nombreux tableaux statistiques, des observations des résultats obtenus et des tentatives d'analyses généralement assez sommaires. Si ces rapports mériteraient souvent d'être plus approfondis, ils apportent néanmoins des premières pistes sur les opinions publiques en Europe qu'il convient ensuite au chercheur d'interpréter et d'approfondir.

Des sondages Eurobaromètres Flash[11] ont été réalisés en 2008 et en 2010 sur la perception des citoyens européens concernant la politique de

[11] Les Eurobaromètres Flash sont des entretiens téléphoniques ad hoc thématiques réalisés à la demande de tout service de la Commission européenne.

cohésion[12]. Les mêmes questions ont été posées lors de ces deux sondages :

– les Européens sont-ils au courant des aides reçues dans le cadre de la politique européenne de cohésion ?

– Ont-ils l'impression que leur ville ou leur région tirent profit de ces aides ?

– Les Européens sont-ils d'accord avec l'idée que la politique européenne de cohésion devrait principalement aider les régions les plus pauvres à rattraper les régions les plus riches ?

– Sont-ils d'accord avec le principe de subsidiarité ?

– Quelles devraient être les priorités de la politique européenne de cohésion, à la fois aujourd'hui et dans le futur ?

Plus de 27 000 citoyens âgés de plus de 15 ans et habitants dans les 27 États membres de l'Union ont été interrogés. En seulement deux ans, on constate un paradoxe dans la perception de l'opinion publique européenne sur la politique régionale avec une diminution de la notoriété et une augmentation des jugements positifs. Les résultats de l'Eurobaromètre sont pour le moins étonnants :

– De moins en moins de citoyens européens déclarent avoir entendu parler des cofinancements de l'UE pour des projets dans leurs régions (34 % en 2010 contre 49 % en 2008) ; Donc à peine plus d'un tiers des personnes interrogées en 2010 étaient au courant que l'UE accordait des crédits à leur ville ou leur région.

– De plus en plus de citoyens européens – parmi la minorité sensibilisée – estiment que le soutien de l'UE a un impact positif sur le développement de leurs régions (76 % en 2010 contre 70 % en 2008). 20 % des citoyens interrogés ne voient pas d'effets positifs des aides européennes accordées dans le cadre de la politique de cohésion. En revanche, malgré cette évaluation positive, les citoyens européens n'ont pas l'impression que ces projets leur apportent des bénéfices personnels dans leur vie quotidienne (84 %).

Lorsque l'on prend en compte les résultats par pays (cf. graphique et carte suivants), on constate sans surprise que les pays où les citoyens européens sont les mieux informés de l'existence de la politique de cohésion sont les pays qui en tirent le plus de bénéfices (comprenant le plus de régions de convergence sur la carte), soit la plupart des pays d'Europe centrale et orientale ayant intégré l'UE en 2004 et 2007. Pour ces États, la moyenne tourne autour de 60 à 70 % de citoyens qui ont entendu parler des cofinancements de l'UE, soit 30 à 40 points de plus

12 Sondages Eurobaromètres Flash n° 234 et 298.

que la moyenne européenne. Le nombre de projets cofinancés par l'UE et la communication qui les entoure explique sans aucun doute ce résultat. Pour les États les moins bénéficiaires de la politique de cohésion (classés dans l'objectif de « compétitivité régionale et emploi » sur la carte), la proportion de citoyens informés de cette politique est logiquement beaucoup plus faible, soit entre 10 et 30 % des citoyens.

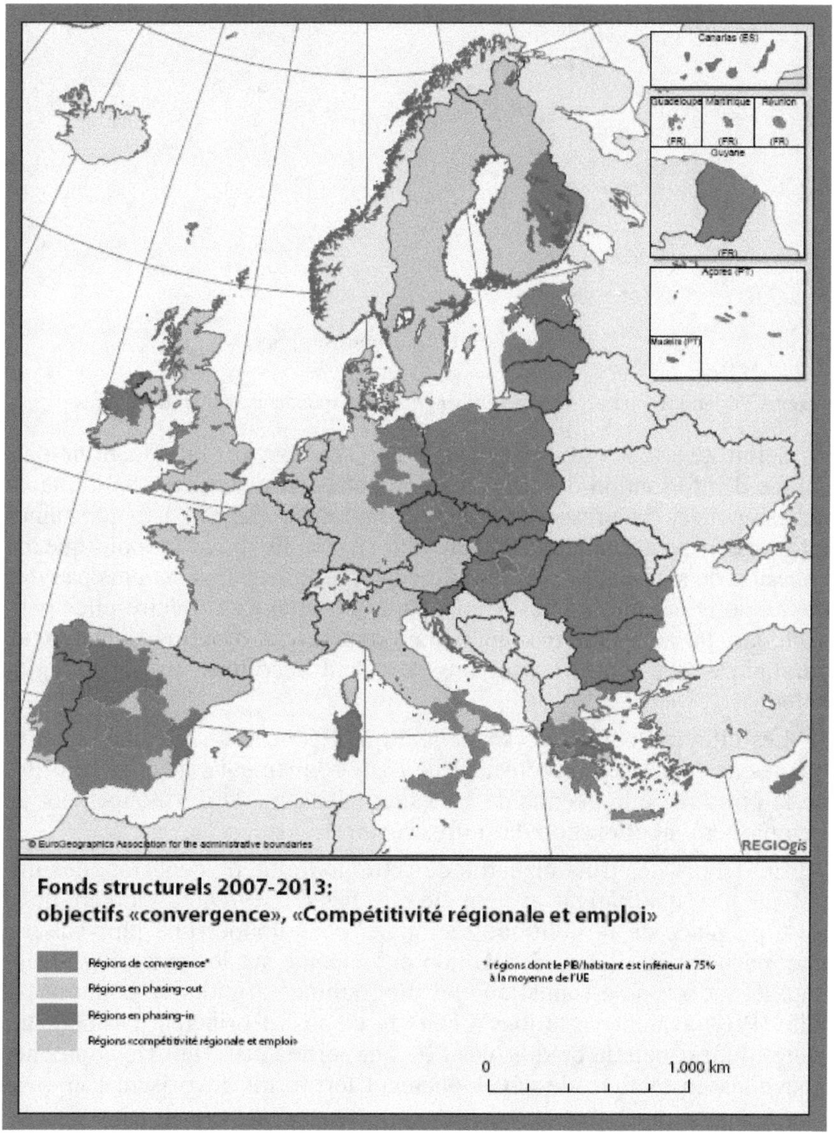

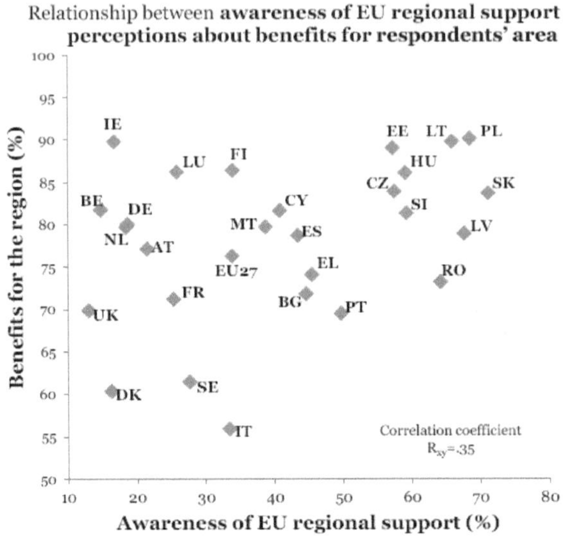

Country variations – perceptions about benefits for respondents in their daily lives

Selon ces sondages, la télévision (53 %) est de loin la principale source d'information des citoyens européens en matière de politique de cohésion avec la presse quotidienne régionale (32 %). Les personnes interrogées sont unanimes quant à la nécessité pour la politique de cohésion de se focaliser sur le rattrapage par les régions les plus pauvres des régions les plus riches. Cependant, une majorité d'entre elles pensent que la politique régionale doit poursuivre d'autres objectifs en parallèle et que toutes les régions devraient bénéficier des aides régionales.

Les citoyens européens souhaitent que l'éducation, la santé, les problèmes de société et la protection de l'environnement soient les priorités de la politique européenne de cohésion, ainsi que le développement de l'emploi et l'amélioration des infrastructures.

En dehors des trois objectifs de cette politique de cohésion, des initiatives plus qualitatives avaient été conçues dès 1989, au moment de la mise en place de la politique régionale, pour donner une plus-value à une intervention directe de l'Union européenne sur les territoires régionaux et locaux. C'est ainsi que les programmes d'initiative communautaire (PIC) avaient vu le jour à côté du dispositif principal par objectif. Dotés de très peu de crédits, ces PIC ont permis de tester des approches nouvelles en matière de développement territorial, favorisant l'innovation et les bonnes pratiques dans des domaines où la Commission avait un réel rôle à jouer à côté des États et des collectivités territoriales.

Aujourd'hui, l'un de ces programmes phares « Interreg » a été intégré dans le « mainstream » de la politique de cohésion puisqu'il s'agit du troisième objectif, dit de coopération. Un autre très connu a été intégré au cours de la dernière programmation dans la politique agricole commune. Il s'agit de l'initiative Leader en faveur du développement dans les territoires ruraux. Cette initiative, peu importante en volume financier au regard des grands objectifs de la politique régionale, a eu un impact très important sur la méthodologie des politiques de développement rural en valorisant le montage de projet, l'évaluation, l'innovation, la gestion locale et collective des crédits par des groupements d'acteurs locaux et en obligeant le collectif à structurer un projet de territoire décliné en actions concrètes. En France la démarche des pays s'est fortement, articulée avec ces programmes et l'impact de cette politique qualitative est très fort auprès des acteurs du développement rural partout en Europe.

III. Une politique qui cherche ses marques

Les éléments qui précèdent pourraient donner à penser que cette politique bénéficie d'une certaine visibilité et que les opinions publiques la reçoivent de manière plutôt positive. C'est un fait. Cependant, compte tenu des blocages qui se trament dans les coulisses des institutions européennes pour doter l'Europe d'un vrai projet politique et d'un vrai budget, de nombreux freins viennent nuancer fortement l'impact de la politique de cohésion.

A. Une politique très contrôlée par les États

La politique de cohésion est très centralisée et ne peut pas être qualifiée d'emblée de politique de développement territorial. En effet, la mécanique budgétaire européenne donne une place centrale aux États qui négocient d'abord le montant du budget européen pour six années puis à l'intérieur de ce budget global, la place de la politique de cohésion. Une fois le montant arrêté et les règlements publiés, les États se voient dotés d'une somme qu'ils doivent ensuite affecter par Régions. En France c'est la Délégation interministérielle à l'aménagement du territoire et à l'attractivité régionale (DATAR), en lien avec les Préfectures de Régions qui gère cette première phase. Ensuite, des documents de programmation sont rédigés par les Préfets et les Présidents de conseils régionaux : ces documents indiquent comment sera utilisée la dotation régionale. C'est seulement une fois ce cadrage réalisé, que les porteurs de projets sont convoqués pour déposer leurs demandes de financement. Celles-ci doivent entrer dans le cadre des priorités régionales définies par le document opérationnel.

Les décisions budgétaires au plus haut sommet de l'exécutif européen ont donc des conséquences directes sur les sommes affectées à la politique de cohésion. Compte tenu des tensions actuelles entre des pays qui veulent augmenter le budget européen et ceux qui, au contraire, veulent limiter leur participation au budget, la marge de manœuvre est réduite.

Comme on le voit, même si l'UE affiche le principe du partenariat, c'est une politique très contrôlée par les États car il s'agit certes d'argent européen, mais cet argent est avant tout le « retour » de contributions nationales, l'UE n'ayant pas de fonds propres. J. Delors analysant le devenir de la politique de cohésion écrit ainsi :

> Malheureusement, ce que nous constatons, c'est une évolution vers une centralisation excessive où les États membres parlent au nom des régions. Ce n'est pas la politique de cohésion que j'avais envisagée[13].

De plus, cette politique très cadrée par l'exécutif européen a des conséquences directes sur les politiques conduits dans les territoires régionaux. En effet, depuis 2000, les contrats de plan État-Régions, appelés aujourd'hui contrats de projets, sont alignés sur la programmation de la politique de cohésion. Cet alignement permet plus facilement d'afficher des contreparties nationales et régionales en face de la mobilisation de crédits européens. Le cadre stratégique communautaire oriente donc fortement le choix des politiques d'aménagement conduites en France dans le cadre des contrats de projets, ce qui peut avoir des conséquences importantes quant à la survalorisation de certaines thématiques (la compétitivité, l'innovation) au détriment de choix différents (la culture) ou bien encore le choix des métropoles comme lieu de diffusion des innovations au détriment de politiques davantage ciblées sur les espaces ruraux ou les territoires en reconversion industrielle. C'est l'une des critiques que l'on formule habituellement à la politique de cohésion et en France à son volet « compétitivité et emploi » : même si peu d'argent européen est affecté au territoire français, la politique de cohésion a un effet de ciblage des investissements publics et détermine donc en grande partie, pour six années, l'orientation des politiques publiques.

B. Des projets variables en taille et en volume financier selon les pays

Le découpage en zones selon des objectifs – zones de la convergence, zones de la compétitivité, zones de coopération territoriale (transfronta-

---

[13] Panorama n° 43, automne 2012, Jacques Delors, réflexions sur la politique de cohésion, p. 6.

lière, transnationale, interrégionale) – entraîne fatalement une complexité de la politique européenne de cohésion aux yeux des citoyens, ce qui ne facilite pas l'adhésion à cette politique. Les pays étant en totalité ou en partie inclus en zones de convergence ont la possibilité de plus grands projets en taille et en volume financier. L'ampleur du rattrapage réalisé dans les nouveaux États membres en partie grâce aux financements européens donne une visibilité et une légitimité forte à la politique de cohésion pour les citoyens de ces pays.

Pourtant, cette politique manque de moyens. L'augmentation du budget n'a été que très limitée suite aux élargissements de 2004 et 2007, alors que dix PECO – tous classés en zones de convergence – sont devenus membres de l'UE. Les dépenses liées à la politique de cohésion qui étaient de 39 milliards d'euros en 1999 n'étaient que de 41 milliards d'euros en 2004 et à peine plus de 45 milliards d'euros en 2007. Alors que 0,48 % du PIB des États membres de l'UE à quinze était consacré à la politique de cohésion en 1999, la part n'est plus que de 0,35 % en 2013 dans l'UE à vingt-sept (cf. graphique suivant). Les disparités sont telles entre les nouveaux entrants et les anciens membres de l'UE que les montants alloués à la politique de cohésion – même s'ils augmentent d'année en année – ne sont pas suffisants pour les faire disparaître.

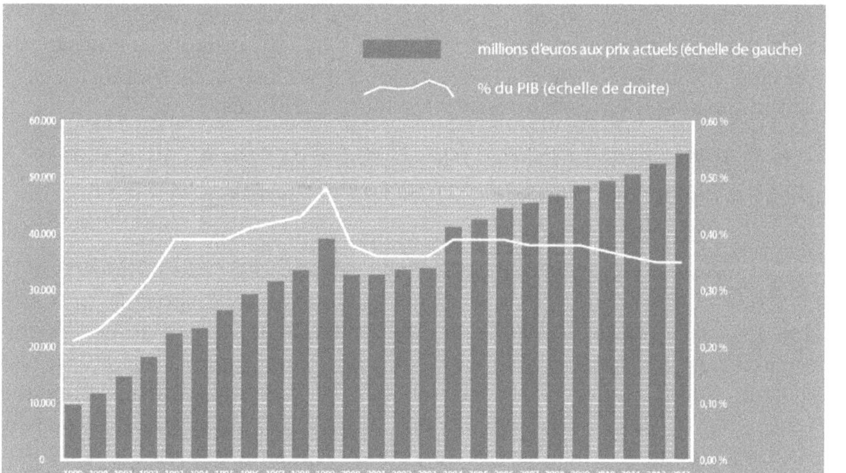

Dépenses de la politique de cohésion (1989-2013) et part du PIB européen consacrée à cette politique (*Inforegio Panorama* n° 26, 2008).

Pour les États dont le territoire est en totalité ou en partie situé en zones de compétitivité et emploi, la taille des projets cofinancés et les volumes financiers mobilisés ne suscitent pas la même adhésion de la part des citoyens de ces pays. Si, avant les élargissements à l'Europe centrale et orientale, la politique de cohésion était bien perçue par les citoyens, on assiste, selon le géographe Jean-François Drevet, à un décrochage progressif dans l'adhésion à cette politique :

> À la fin des années 1980, la politique de cohésion a été crédibilisée par la force de conviction de Jacques Delors, qui a su combiner solidarité et efficacité […]. Le citoyen européen y a largement adhéré, car il lui était possible de se faire une idée de ses réalisations, en voyant des panneaux du FEDER dans sa région d'origine comme sur le lieu de ses vacances. Il a d'autant mieux accueilli le rattrapage des régions de l'Europe du Sud que celui-ci n'a pas occasionné de perturbation dans le Nord. Quinze années plus tard, la situation a bien changé. Un discours bien-pensant, uniquement peint aux couleurs de la compétitivité a remplacé celui de Jacques Delors. […] Le citoyen en reçoit un message brouillé qui le fait douter de la capacité, sinon de la volonté d'intégration de l'Europe centrale et il s'interroge sur la nécessité de l'aider davantage[14].

C'est donc en partie en raison du changement dans les objectifs affichés de cette politique par la Commission européenne dans les régions non éligibles à la convergence – la compétitivité plutôt que la solidarité territoriale – que les citoyens des anciens États membres de l'UE se désintéressent de cette politique. Le contexte de crise accompagné d'importantes pertes d'emplois qui sévit depuis 2008 et les délocalisations, fortement médiatisées, d'entreprises d'Europe occidentale vers les PECO, n'incitent pas les citoyens des anciens pays membres à développer plus d'altruisme envers les citoyens des nouveaux membres et à encourager une meilleure cohésion de leurs territoires.

C. *Des acteurs locaux entre lobbying (pour obtenir les fonds) et dissimulation de la provenance pour mieux valoriser leur structure*

La politique de cohésion était dans ses débuts (1989-2000) plutôt mal connue des acteurs locaux. Seuls quelques élus disposant de relais dans des associations nationales ou des mandats nationaux ou européens connaissaient les rouages de l'obtention des financements européens, ce qui leur donnait un avantage certain dans la mobilisation des financements pour le développement de leurs territoires. Progressivement, du fait d'une lisibilité plus grande de cette politique articulée depuis 2000 avec les contrats de Plan État-Régions, les élus locaux se sont familiarisés avec ces crédits. De même, les campagnes de communication des Préfectures de Région et des Conseils régionaux ont permis de diffuser l'information auprès des porteurs de projets potentiels. Ainsi en Midi-

---

14 Jean-François Drevet, *Histoire de la politique régionale*, Paris, Éditions Belin, 2008, p. 259.

Pyrénées, un seul site Internet (http://www.europe-en-midipyrenees.eu/) regroupe aujourd'hui sous un format ergonomique, l'ensemble des informations sur le financement des projets par des crédits européens. Des exemples permettent d'illustrer clairement ce qu'il est possible de faire.

Cependant, un élément central de la politique, à savoir l'additionnalité, fait perdre parfois la lisibilité européenne à cette politique. En effet, les fonds, selon le principe d'additionnalité, ne doivent pas servir de substitut aux financements nationaux, mais interviennent en complément, afin de constituer une réelle plus-value pour les territoires bénéficiaires. De fait, certains élus locaux ont tendance à minorer l'apport de crédits européens dans le financement de projets pour au contraire valoriser l'apport des autres institutions nationales (Région, Département, intercommunalité, etc.). Ceci est largement le cas des régions des Pays classés au titre de la compétitivité puisque les montants de financement européens ne dépassent souvent pas 25 % sur un projet. En revanche, dans les pays de la convergence ou de la cohésion, les financements peuvent représenter 90 % des projets et la lisibilité est alors plus grande. La publicité obligatoire autour des financements mobilisés a permis de visualiser l'apport financier de l'UE et le pourcentage de coparticipation. La Commission européenne encore une fois a été obligée d'imposer des formats d'affiches pour indiquer clairement cette action de l'Union auprès des citoyens.

Conclusion

Lire la citoyenneté européenne à travers la politique de cohésion est un exercice difficile.

D'abord, comme pour toutes les politiques de l'Union, la mutualisation des ressources des États produit, quoi que l'on en dise, des tensions sur le taux de retour. Les États contributeurs du budget cherchent à réduire leur participation, ceux qui bénéficient le plus des politiques de l'Union souhaitent, au contraire, un budget plus important pour lequel ils contribuent peu compte tenu de leur faible PIB. De fait, si la solidarité fonctionne bien par la redistribution des dotations à destination des territoires les plus fragiles, l'inexistence de ressources propres au budget européen fausse la logique altruiste de ce budget. Dans ce contexte, les réalisations labellisées « européennes » ont bien du mal à apparaître lisibles aux yeux des citoyens : par le fait de l'additionnalité des fonds, les projets sont cofinancés et les institutions nationales ont tendance à survaloriser leur participation au détriment de l'Union européenne, acteur éloigné de fait des territoires locaux. Pourtant les actions de la politique de cohésion sont de celles qui marquent le plus fortement par leur impact l'existence concrète du pouvoir européen.

Notices biographiques

CHALLEAT Marc (Coord.), *Les fonds structurels européens*, Paris, Éditions La Documentation française, 2006, 104 p.

DREVET Jean-François, *Histoire de la politique régionale de l'Union européenne*, Paris, Éditions Belin, 2008, 285 p.

DUGOT Philippe, LABORDERIE Serge, TAULELLE François, *Midi-Pyrénées, région d'Europe*, SCEREN-CRDP, 262 p., 2008.

GRAVIER Jean-François, *Paris et le désert français*, Paris, Éditions Flammarion, 1947, 317 p.

JOUEN Marjorie, « Disparités interrégionales : la réduction est-elle un objectif inatteignable en période de crise ? », Revue en ligne *Diploweb*, 9 septembre 2012.

LEVI Carlo, *Le Christ s'est arrêté à Eboli*, Paris, Éditions Gallimard, 1991, 302 p.

TAULELLE François, « L'Union européenne et ses frontières », in BAUDELLE Guy et VANIER Martin, *L'Europe : aménager les territoires*, Armand Colin, 2009, pp. 242-256.

Revue trimestrielle *Inforegio Panorama*, Bruxelles, Commission européenne, 34 numéros publiés depuis octobre 2000, téléchargeable sur le site de la Commission :
http://ec.europa.eu/regional_policy/information/panorama/index_fr.cfm.

Rapport « *Investir dans l'avenir de l'Europe* », Cinquième rapport sur la cohésion économique, sociale et territoriale, Commission européenne, novembre 2010, téléchargeable sur le site de la Commission : http://ec.europa.eu/regional_policy/sources/docoffic/official/reports/cohesion5/pdf/5cr_summary_fr.pdf.

Traité de Lisbonne modifiant le traité sur l'Union européenne et le traité instituant la Communauté européenne, signé à Lisbonne le 13 décembre 2007, journal officiel n° 306 du 17/12/2007, 271 p.

Traité de Rome instituant la Communauté économique européenne, signé à Rome le 25 mars 1957, 134 p.

La dette de justice

Enjeux citoyens d'un héritage européen

Jean-Christophe GAVEN

Professeur d'histoire du droit
Université Toulouse 1 Capitole
CTHDIP EA 789

Même si les périmètres respectifs de la justiciabilité et de la citoyenneté ne coïncident pas, il existe au moins deux raisons de s'intéresser au lien qu'entretiennent justice et citoyenneté. La première renvoie au contenu même du droit de cité. L'expression recouvre en effet l'ensemble des droits reconnus et offerts par la citoyenneté, englobant aussi bien les droits politiques que divers droits civils, parmi lesquels celui d'intenter une action judiciaire, c'est-à-dire de saisir un tribunal pour réclamer le bénéfice d'un droit et requérir la protection de la justice. Un premier lien existe donc entre les deux notions, essentiellement judiciaire, fondé sur l'impératif de protection des droits du citoyen par la cité à laquelle il appartient. Le second est d'une nature toute différente, mais contribue précisément à constituer ce droit de cité : c'est le lien historique qui existe entre l'essor des justices centrales et nationales en Europe à partir du Moyen Âge et le rôle joué par ces dernières dans l'émergence et les progrès de la souveraineté politique. À partir du Moyen Âge, en effet, à des époques différentes et selon des processus variables d'un pays européen à l'autre, la justice n'est pas seulement une *compétence* royale ou centrale – non exclusive d'ailleurs : elle est aussi et surtout le moyen le plus sûr d'affirmer l'autorité royale, c'est-à-dire d'asseoir cette autorité sur un territoire qu'il s'agit de construire (ou de saisir) et de tisser un lien direct, premier, de sujétion d'abord, de citoyenneté ensuite, entre les régnicoles et le souverain.

La construction européenne, et plus particulièrement celle d'une citoyenneté européenne, invite à poser la question de l'héritage, sous une forme renouvelée sans doute, de ce lien essentiel entre la formation d'un espace judiciaire et celle d'un espace politique et citoyen. Le premier est aujourd'hui une réalité dont les racines plongent aussi bien dans les traités européens que dans la jurisprudence des juridictions européennes[1]. Le second, en revanche, attire la plupart des regards sur ses lacunes ou ses impasses. Le déficit démocratique de l'Europe, ses lourdeurs institutionnelles, l'inadéquation des « modèles » historiques nationaux, ou les différentes crises qui l'affectent, politiques, financières, économiques, portent l'attention, à juste titre sans doute, sur la distance à parcourir en matière de « construction » politique et donc de citoyenneté[2]. Pourtant, la « cité » européenne existe. Avec ses institutions, évidemment. Mais aussi par l'ensemble des droits qu'elle reconnaît, promeut et consacre à ses ressortissants aussi bien qu'à ses étrangers. Si bien qu'en dépit de ses imperfections ou inachèvements, il est possible de s'interroger sur le lien qu'elle est susceptible de nourrir entre l'espace judiciaire et juridique qui la constitue depuis son origine et qui figure parmi les piliers les plus solides de sa construction, et l'espace citoyen dont les contours varient selon les définitions retenues de la citoyenneté – variété illustrée par le présent ouvrage – mais dont on peut considérer qu'il tient, au moins en partie, à un ensemble de reconnaissances juridiques propres à la cité et judiciairement protégées. Dès lors, et dans une perspective historique, l'officialisation d'un « espace européen de justice » invite à se demander si ce dernier n'est pensé qu'en termes de compétences ou

---

1 Parmi les textes les plus récents, le traité d'Amsterdam officialise ainsi l'objectif de l'Union européenne d'« offrir aux citoyens de l'Union un niveau élevé de protection dans un espace de liberté, de sécurité et de justice » (art. 34). Le traité de Lisbonne donne priorité à cet objectif dans son article 3, avant même la réalisation des objectifs économiques, pourtant seuls visés par le traité de Rome (au point d'ailleurs de ne pas regarder le « bon fonctionnement du marché intérieur » comme une condition nécessaire à l'adoption de mesures de coopération judiciaire). Le champ de la sécurité et de la justice recouvre alors les questions d'immigration, d'asile, de contrôle des frontières et des visas, sujets liés à la libre circulation des personnes ; la coopération judiciaire et policière en matière pénale ; la coopération judiciaire en matière civile ; la coopération douanière ; la lutte contre la drogue et la toxicomanie, la lutte contre la fraude de dimension internationale et la lutte contre le terrorisme et la criminalité. À l'appui de ces compétences, plusieurs instruments juridiques récents ont remplacé les conventions préexistantes, relatifs à la compétence judiciaire, à la reconnaissance et à l'exécution des décisions de justice, notamment en matière civile et commerciale. À cela, s'ajoute le droit commun procédural formé par l'article 6 de la CEDH et la jurisprudence de la Cour européenne des droits de l'homme. Sur l'évolution historique de ce champ judiciaire, voir notamment Sylvaine Poillot-Peruzzetto, « Le défi de la construction de l'espace de liberté, sécurité et justice », *in Vers de nouveaux équilibres entre ordres juridiques. Mélanges en l'honneur d'Hélène Gaudemet-Tallon*, Paris, Dalloz, 2008.

2 Parmi une littérature nombreuse, voir la synthèse de la Fondation Jean Monnet pour l'Europe : *Construction européenne. Crises et relances*, Paris, Economica, 2009, ou celle de Bino Olivi et Alessandro Giacone, *L'Europe difficile. La construction européenne.* Il n'est pas à exclure, cependant, que l'idée même de « construction » soit une composante en soi du problème ou de la « crise ». Dans ce sens, voir notamment l'article de Julien Wesbein dans le présent ouvrage.

si, plus fondamentalement, l'Europe est pensée comme « débitrice de justice », comme on l'a dit naguère des monarques européens, réputés « grands debteurs de justice ». La question n'intéresse pas seulement l'histoire judiciaire, mais bien davantage le rapport entretenu entre cette dette de justice et les progrès de la construction d'un lien et d'un espace politiques. Elle interroge aussi jusqu'aux mythes mobilisateurs de la construction européenne, à l'heure où l'idéal de paix semble cesser d'opérer sur les peuples d'Europe.

S'il ne saurait être question de risquer une comparaison probablement vaine entre des processus nationaux anciens et la construction européenne très récente, il reste possible de rappeler le contenu et les mécanismes de cette dette de justice, regardée ici comme un objet historique, culturel et européen autant que comme un outil susceptible de révéler une construction politique en cours, et de rechercher ensuite, notamment dans les « grands textes » de l'Europe, si ce lien particulier façonne à la fois l'histoire européenne récente et son espace judiciaire. Pour le demander autrement, l'idéal de justice fait-il partie des promesses fondamentales du contrat social européen et dessine-t-il, derrière le justiciable, les traits d'un citoyen en devenir ?

Spécialement étudiée par Jacques Krynen, l'idée de « dette de justice » plonge ses racines dans l'histoire médiévale et moderne du pouvoir, de la justice et de leurs représentations[3]. Surtout, elle vient augmenter la définition classique et antique des juristes et des philosophes d'après lesquels la justice est une « vertu » qu'il s'agit de pratiquer et de cultiver. Être juste, faire justice, c'est « attribuer » à chacun son sien, à chacun ce qui lui appartient. Vertu cardinale, donc, aussi bien privée que publique, et dont les puissants doivent évidemment faire preuve. Cette justice « distributive », que tout justiciable est en droit d'attendre de ceux qui tranchent les litiges et disent le droit, n'est pas un monopole royal : dans un monde marqué par la pluralité des ordres juridictionnels, on l'espère de tous les juges, quels qu'ils soient, royaux, seigneuriaux, ecclésiastiques ou municipaux.

L'exclusivité, en revanche, apparaît en Europe à propos d'une considération complémentaire : l'idée que la justice serait non seulement une vertu, mais aussi et surtout une « dette » contractée par les monarques à l'égard de leurs sujets. L'idée précède le droit[4] et apparaît sans doute chez Thomas d'Aquin qui préfère l'expression « *restituer* » à chacun

---

3 Jacques Krynen, *L'État de justice, France, XIIIe-XXe siècle*, Paris, Gallimard, 2009, t. I, p. 17 et suivantes.

4 Si l'idée d'un monarque débiteur de justice est consacrée juridiquement à partir du XVIe siècle, elle s'exprime plus tôt, notamment dans les décrétales du pape Innocent III qui justifie par son obligation de rendre justice aux clercs le privilège de juridiction et l'incompétence de la justice laïque à leur égard.

son dû, à celle, classique, d'« *attribuer* » à chacun ce qui lui appartient, et se trouve définitivement consacrée dans des textes fondamentaux, à commencer par les formules du sacre royal[5]. Elle est plus clairement exprimée à partir de la fin du Moyen Âge, lorsque le pouvoir royal commence à s'affirmer avec plus de force, et se retrouve ensuite sous la plume des auteurs modernes, notamment celle des théoriciens de la souveraineté au XVIe et au XVIIe siècle[6].

Que signifie alors cette dette de justice, cette idée de restitution et de reddition, préférée à celle d'attribution ? Essentiellement que la justice est une « obligation » de roi – et donc bientôt de souverain. Une obligation, c'est-à-dire non seulement un *devoir* auquel on ne peut pas se soustraire, mais aussi un *lien*. Car en droit, l'« ob-ligation », c'est d'abord cela : un moyen de se lier entre créancier et débiteur. En l'occurrence, le lien qui s'établit au Moyen Âge sur fond de dette de justice entre le roi et ses justiciables révèle une nouvelle nature du pouvoir et de la relation politique. S'il n'est pas sans évoquer, en effet, une conception contractuelle traditionnelle, où l'obligation du roi débiteur de justice apparaît comme le pendant de l'obligation de fidélité et d'obéissance des sujets (Gerson), ce nouveau lien définit une conception plus verticale du pouvoir, où la dette royale, entendue comme un monopole de souverain, sert à construire une figure de majesté. Cette dette qui oblige n'affaiblit donc pas le débiteur : elle lui confère au contraire une puissance considérable. D'abord en lui permettant d'établir un lien direct et fondamentalement politique avec les sujets-justiciables, auxquels on promet une justice supérieure – dans tous les sens du mot – à toutes les autres ; ensuite en légitimant la mise en place d'une organisation judiciaire spécialement dédiée à l'acquittement de cette dette. Les monarques successifs ne s'y sont pas trompés : « C'est par de grandes ordonnances motivées sur le registre de la dette, souligne Jacques Krynen, que les rois de France ont bâti une administration judiciaire »[7].

L'idée de « dette de justice » disparaît-elle avec la Révolution française ? Pas tout à fait. Bien sûr, sa formulation change. Mais 1789 et la proclamation de la souveraineté nationale ne suppriment pas l'idée d'une dette de justice pesant sur la tête du nouveau souverain. La continuité, d'ailleurs, ne doit guère surprendre : d'une part parce que la philosophie des Lumières, les théories du droit naturel et les conceptions révolutionnaires de la société politique réorganisent la pensée contractualiste en recherchant les obligations naturelles et civiles du souverain,

---

5 Sacre à l'occasion duquel le roi fait par deux fois la promesse de « rendre » la justice.

6 Voir notamment les usages de l'expression chez Gerson, Bodin, Pasquier et Charron, Jacques Krynen, *op. cit.*

7 *Ibid.*, p. 22.

et d'autre part parce que la définition même de la souveraineté varie assez peu, voire pas du tout. Seul change en effet le titulaire de son exercice. Si bien que pour les révolutionnaires, qui distinguent en 1789 – ou essaient de distinguer – la nation souveraine (entité abstraite) et le peuple citoyen (corps concret), il est assez clair que la *nation* doit la justice aux *citoyens*. Cette créance est même regardée comme le premier de leurs droits et il incombe aux tout premiers représentants de la nation – les Constituants de 1789 – de garantir aux nouveaux citoyens la nouvelle justice, conçue dès l'été 1789 comme un objet urgent et prioritaire de réforme[8].

Dans les débats parlementaires comme dans les anciennes ordonnances royales, la justice reste donc une obligation de souverain. Elle devient aussi une dette de la Révolution elle-même, dont les Constituants préviennent qu'elle perdrait son sens si elle oubliait de l'acquitter[9]. Elle n'est donc pas seulement un devoir ni un pouvoir et fonde désormais non plus la seule sujétion, civile et politique, mais bien la citoyenneté. La Révolution n'abolit donc pas le lien, ni la dette : au contraire, elle les réactive, autorisant l'usage de l'expression au XIXe siècle, en 1804, par exemple, dans le *Discours préliminaire*, lorsque Portalis affirme encore que « la justice est la première dette de la souveraineté ». L'expression est habile : elle évite d'identifier le souverain, mais ainsi essentialisée, elle permet de regarder la « justice due » comme un indice de souveraineté, voire – si l'on peut dissocier les deux – de citoyenneté. On a presqu'envie de dire « cherchez le juge, et vous trouverez le souverain ! »

---

8 Dans un contexte troublé marqué par la nécessité de définir et maîtriser un nouvel ordre public, la réforme judiciaire s'invite au programme de l'Assemblée constituante dès le 17 août 1789, date du rapport Bergasse commandé au comité de Constitution (*Archives parlementaires*, 17 août 1789, p. 410 et suivantes). La promesse d'une nouvelle justice, due par la nation à l'ensemble des nouveaux citoyens, se place parmi les grands textes de la recomposition politique inaugurée dans l'été 1789 : notamment l'appropriation du pouvoir constituant (9 juillet), l'abolition de l'ordre ancien (4 août) et la Déclaration des droits de l'Homme et du Citoyen (discutée du 11 juillet au 26 août 1789).

9 Ici encore, l'idée s'exprime très tôt, dès l'été 1789, opposant un courant « sécuritaire » soucieux de condamner l'ensemble des désordres publics, susceptibles de discréditer la Révolution en cours, et un courant plus populaire, refusant de disqualifier les émeutes et séditions au motif qu'elles sont une force non seulement indispensable mais intrinsèque au déroulement de la Révolution. Le point d'accord entre les deux courants, trouvé à la mi-août 1789 après plusieurs semaines de débats, réside dans la promesse de réformer immédiatement la justice car la Révolution, aussi bien celle qui protège que celle qui punit, doit à tous les citoyens une justice corrigée des défauts et des vices les plus insupportables de l'ancienne justice. À ce prix seul, c'est-à-dire sous condition que la Révolution accepte – tout en le renouvelant – l'héritage d'une dette de justice, l'Assemblée constituante consent à réprimer les désordres révolutionnaires et contre-révolutionnaires qui la menacent.

D'où une curiosité contemporaine : celle de savoir si cette « dette de justice » entre au XXe siècle dans l'héritage européen au point de nourrir non plus une construction nationale, mais désormais européenne, de la citoyenneté et les voies empruntées par celle-ci.

Si l'on se réfère aux grands discours sur l'Europe[10] prononcés à partir de l'intervention d'Aristide Briand à la Société des Nations en 1929, le plus frappant réside sans doute dans la faiblesse des références à la justice.

La chose est très nette tout au long de la phase de coopération européenne, jusqu'en 1957, où la notion de justice ne figure absolument pas parmi les mythes fondateurs de l'Europe. Sans surprise, les mots-clés de l'Europe sont alors la paix, la survie, la sécurité collective et la prospérité ; la justice, elle, n'est pas une idée mobilisatrice ni justificatrice, même sous la plume des auteurs les plus engagés en faveur d'une primauté de la construction politique sur les préoccupations économiques. Elle n'est donc visée ni par le discours de Briand à Genève, le 5 septembre 1929[11], qui met l'accent sur la communication entre les peuples, les possibilités de résolution communes et la nécessité de solidarités, notamment économiques aux seules fins de sécurité et de paix, ni dans le Mémorandum français sur l'organisation d'un régime d'union fédérale européenne[12], présenté quelques mois plus tard et dont l'essentiel du propos consiste à regarder l'union économique comme un effet et non comme une condition des progrès de l'union politique. Ces deux approches en effet n'envisagent pas l'émergence d'un territoire juridique – et moins encore judiciaire – pour une Europe du droit. La justice reste encore une compétence souveraine des États qu'il n'est pas envisageable de « rendre » ou de « devoir » aux citoyens à un échelon supérieur, transnational et européen.

Le ton et la teneur des propos changent en revanche vers la fin de la Seconde Guerre mondiale, lorsque les promoteurs de l'Europe envisagent la création d'un espace commun sur la base de traités spécifiques. De ce point de vue, le discours prononcé par Churchill en 1946 devant l'université de Zurich résonne singulièrement[13]. Outre son fameux « Debout l'Europe ! », Churchill ajoute en effet deux notions aux thèmes désormais classiques de la paix et de la sécurité : celles de justice et de

---

10 Pierre Gerbet, Françoise de la Serre, Gérard Nafilyan, *L'Union politique de l'Europe. Jalons et textes*, Paris, La Documentation française, 1998 ; Mehdi Ouraoui, *Les Grands discours de l'Europe (1918-2008)*, Paris, éd. Complexe, 2008.

11 Boris Mirkine-Guétzévitch, Georges Scelle, *L'Union européenne*, Paris, Delagrave, 1931, p. 33-35.

12 *Ibid.*, p. 59-70.

13 *Articles et Documents*, n° 698, Paris, La Documentation française, 21 septembre 1946 ; Pierre Gerbat *et al.*, *op. cit.*, p. 35-36.

citoyenneté, liées l'une à l'autre. Appelant de ses vœux le règne de la justice en Europe[14], l'ancien Premier ministre britannique demande en effet : « Pourquoi n'existerait-il pas un groupement européen qui donnerait un sens de patriotisme plus large et de citoyenneté commune aux peuples éperdus de ce puissant continent ? ». Cela dit, le discours de Churchill paraît plutôt isolé. Dans la même période, en effet, les références à la justice, lorsqu'elles existent, ne sont pas liées à la vision d'un espace politique en devenir – ou d'un espace citoyen, pour le dire autrement – mais davantage aux nécessités institutionnelles de régulation des conflits interétatiques et d'application des traités. C'est ce qu'exprime dès 1944 la Déclaration des résistances européennes à Genève[15], dans laquelle apparaît l'idéal de justice sociale – proposé alors comme un fondement de la vie des peuples européens au même titre que le respect de la personne humaine, la sécurité ou l'autonomie de la vie nationale – et qui n'envisage la fin de l'anarchie européenne qu'au prix d'une union d'une trentaine d'États qui auraient en commun un gouvernement fédéral responsable devant les peuples, une armée fédérale et un tribunal suprême dont la compétence se limiterait aux interprétations de la constitution fédérale ainsi qu'aux litiges entre États membres ou opposant un État membre et la fédération européenne. De citoyen-justiciable, en revanche, nulle trace… Absence que l'on constate encore un peu plus tard, dans la motion de politique générale du congrès de l'Union européenne des fédéralistes, par exemple, présentée à Montreux en août 1947[16]. Quant aux premiers traités de coopération, force est de constater qu'ils n'envisagent de justice que celle destinée à garantir leur propre application[17]. Il est donc clair, au sortir de la guerre, que dans l'esprit de

---

14 Regardant l'Europe comme une affaire de volonté, Churchill réclame un acte de foi de la famille européenne, indispensable à la réconciliation des peuples. Mais au-delà de la simple pacification d'un continent déchiré et traumatisé, il exprime ainsi le contenu de la paix nouvelle : « Que règnent la justice, la pitié et la liberté ». Discours de Winston Churchill, univ. de Zurich, 19.09.1946.

15 *L'Europe de demain*, Neuchâtel, éd. De la Baconnière, 1945.

16 Le texte défend un fédéralisme qui réduirait les souverainetés nationales mais limite le rôle de la Cour suprême envisagée à la seule résolution des « différends éventuels entre États membres de la fédération », Congrès de l'Union européenne des fédéralistes, Montreux, 27-31 août 1947, Motion de politique générale *in Notes et études documentaires*, n° 1081, Paris, La Documentation française, 26 février 1949.

17 Voir par exemple le pacte de l'Union occidentale, traité de Bruxelles du 17 mars 1948 (accord de coopération militaire entre la Belgique, la France, la Grande-Bretagne, le Luxembourg et les Pays-Bas) ou encore la Convention de coopération économique européenne, signée à Paris le 16 avril 1948 cherchant à réduire les entraves au commerce mutuel dans le but de favoriser la prospérité économique, les libertés individuelles, le bien-être général et la paix en Europe (buts déclinés dans le préambule de la convention).

ses fondateurs, l'Europe doit avant tout la paix, la prospérité et la sécurité aux citoyens des États qui la compose. Pas encore la justice.

Une première inflexion notable apparaît alors sans doute dans la résolution que la Commission politique du Congrès de l'Europe, présidée par Paul Ramadier, devait présenter à La Haye le 10 mai 1948[18]. Estimant venue l'heure des transferts de souveraineté, le texte envisage les différentes voies susceptibles de développer en Europe la démocratie sociale et la démocratie politique. Il exprime des préoccupations qui dépassent, cette fois, le simple cadre de la coopération et de la juxtaposition des peuples, notamment le vœu de créer une *opinion publique* européenne. La résolution avance alors comme une spécificité de l'Europe le thème de la défense des droits fondamentaux de la personne humaine et des principes de la liberté et propose à ces fins la création d'une cour de justice dont la saisine doit être possible à tout citoyen. Une saisine directe, « citoyenne » en quelque sorte, qui n'est pas sans préfigurer le statut du Conseil de l'Europe dont le préambule devait ériger, un an plus tard, la liberté individuelle et politique et la prééminence du droit en principes fondamentaux, et dont l'article 3 garantit la jouissance des droits de l'homme et des libertés fondamentales à toute personne placée sous la juridiction du Conseil de l'Europe. Bien sûr, l'existence d'une dette de justice n'est pas exprimée dans sa formulation ancienne et la rechercher sous cette forme serait sans doute aussi vain qu'inutile. Mais ces deux textes, de 1948 et 1949, soulignent une proximité riche de sens, que l'on retrouve ensuite, dans la phase d'intégration européenne, dans chaque progrès de la Cour européenne des droits de l'homme et de la Cour de justice de l'Union européenne. Dès 1948, en effet, la recomposition d'un territoire politique ouvre la question de la création d'un espace judiciaire dû aux citoyens de ce nouveau territoire et constitutif, sur fond de prééminence du droit, d'un nouveau lien politique. D'où, dès cette date, un lien particulièrement souligné dans la résolution de la Commission politique, entre cette conception nouvelle et la nécessité d'opérer officiellement des transferts de souveraineté susceptibles de transformer les assises de la citoyenneté.

Pour autant, dans leur tonalité générale, les références à la justice restent relativement faibles dans les discours chargés de convoquer les images mobilisatrices de l'Europe. Le débat télévisé organisé en France en 1992 quelques jours avant le referendum sur l'adoption du traité de Maastricht en offre un exemple saisissant. Alors qu'il s'agit, pour les partisans du texte, de faire « aimer » l'Europe en mettant en avant le bénéfice qu'en tirent déjà quotidiennement les Européens, aucune des

[18] *Notes et études documentaires*, n° 1081, Paris, La Documentation française, 26 février 1949.

quatre parties[19] de l'émission télévisée ne fait mention des progrès et des apports de la justice européenne. De très nombreux thèmes ont pourtant été abordés et discutés. Les Français sélectionnés ont parlé fiscalité, entreprise, législation sociale, souveraineté monétaire, protectionnisme, agriculture et même citoyenneté, sous l'angle réduit du droit de vote et de la représentation politique. Les journalistes, eux, se sont concentrés sur l'avenir politique du président de la République et sur sa campagne référendaire, et n'ont évoqué les questions de fédéralisme et confédéralisme qu'à travers certains aspects institutionnels, diplomatiques et sécuritaires. De justice, là encore, il ne fut jamais question. Pas davantage, d'ailleurs, lors des échanges avec le chancelier allemand, ni à l'occasion du débat avec Philippe Séguin, l'un des « chefs » de l'opposition au texte. On avancera peut-être que les questions juridiques et judiciaires sont trop ennuyeuses ou trop complexes pour figurer dans un débat dit « grand public ». Pourquoi pas ? Mais sont-elles vraiment plus difficiles que la souveraineté monétaire ou plus absconses que la protection consulaire ? On peut en douter.

D'où une certaine perplexité devant une telle absence. La faiblesse des références à la construction juridique et judiciaire de l'Europe ne correspond pas, en effet, à la réalité européenne : que l'on songe à la Cour européenne des droits de l'homme ou à la Cour de justice de l'Union européenne, « l'Europe du droit », pour reprendre la dichotomie mise en lumière par Sylvaine Perruzzetto, succède à « l'Europe par le droit »[20]. Elle construit une cité et une citoyenneté qui ne reposent sans doute pas sur le fondement classique d'une souveraineté européenne qui n'existe pas, mais qui s'incarne en revanche dans le lien non moins classique et historique de la protection judiciaire (et qui le dépasse sans doute, lorsque le corps social étend la dette jusqu'à la justice « sociale »). Ce processus, dont le traité de Lisbonne n'est finalement qu'une étape supplémentaire, s'avère sans surprise éminemment politique, bien moins « technique » qu'il n'y paraît entre spécialistes. Il est en effet porteur d'un lien de protection fondamental entre l'Europe et ses ressortissants. Et de ce point de vue, les voies empruntées – unification des règles de procédure, organisation des compétences, combinaison des institutions judiciaires en présence, création jurisprudentielle d'un droit substantiel

---

19 Divisée en quatre parties, l'émission télévisée organisait alors un face à face entre le président de la République, François Mitterrand, favorable au traité, et les Français, « représentés » par un panel sélectionné par méthode de sondage, un entretien – aimable discussion – entre le président français et le chancelier allemand Helmut Kohl, un entretien entre François Mitterrand et plusieurs journalistes, avant de finir avec un débat politique, resté célèbre, entre François Mitterrand et Philippe Séguin, l'un des promoteurs de l'opposition au traité de Maastricht.

20 Sylvaine Poillot-Peruzzetto, *op. cit.*

unifié – ne sont pas sans rappeler les voies suivies par les anciens « debteurs de justice ».

Voilà qui interroge la façon dont on déplore souvent l'inexistence ou les lacunes d'une Europe dite « politique », au motif qu'elle ne s'inscrirait pas dans les canons nationaux et étatiques de la forme politique et souveraine, alors que la cité judiciaire européenne en cours d'élaboration apparaît comme une composante essentielle – bien que non suffisante sans doute – de la cité politique européenne. Peut-être la capacité du regard est-elle entravée par la difficulté à envisager ce que d'aucuns appellent une pluricitoyenneté[21], fondée traditionnellement sur la souveraineté à l'intérieur des États membres, mais aussi sur d'autres ressorts, dont le ressort judiciaire, à l'échelle européenne. Lier justice et citoyenneté, rechercher une éventuelle « dette de justice », consciente et revendiquée, est peut-être une voie à explorer face à deux interrogations contemporaines : celle du dépassement possible du lien citoyenneté/nationalité et celle, plus fondamentale encore, de la substitution de l'idéal de justice au vieil enjeu de paix et de sécurité collective, dont on sait qu'il est de moins en moins mobilisateur – notamment auprès des jeunes générations. Un idéal dont l'Europe pourrait se déclarer la nouvelle débitrice pour l'ensemble de ses citoyens.

[21] Jean-Yves Carlier, « La fin du privilège de naissance », in C. Broyelle, M. Collet, M. Deguergue, L. Fonbaustier, M. Guyomar, A. Heymann-Doat, J.-M. Lemoyne de Forges, C. Teitgen-Colly, *Mélanges François Julien-Laferrière*, Bruxelles, Bruylant, 2011, p. 71-87 ; voir aussi Loïc Azoulai, « La citoyenneté européenne, un statut d'intégration sociale », *in* Gérard Cohen-Jonathan, Vlad Constantinesco, Valérie Michel, *Chemins d'Europe. Mélanges offerts en l'honneur de Jean-Paul Jacqué*, Paris, Dalloz, 2010, p. 1-28 et Florence Chaltiel, « Qu'est-ce qu'un citoyen européen ? », *ibid.*, p. 175-181.

L'extension du domaine de la citoyenneté

Existe-t-il un citoyen européen face au reste du monde ?

Philippe DUGOT

Agrégé de Géographie, maître de conférences, département de Géographie de Toulouse II – Le Mirail

On a parfois l'impression d'une construction européenne qui ne pourrait se faire que par la petite porte, une Europe par la preuve qui ne progresserait dans le cœur des citoyens que par des réalisations concrètes et forcément dans leur proximité. Cette échelle d'analyse est pertinente. D'ailleurs dans un ouvrage coécrit avec Serge Laborderie et François Taulelle, nous avions cherché à montrer, débusquer parfois, cette Europe invisible mais néanmoins bel et bien présente, à l'échelle de Midi-Pyrénées. Avec un fondement assez européiste, il s'agissait de montrer que l'Europe n'était pas simplement cette enquiquineuse des libertés et traditions locales, mais aussi une réalité économique sensible dans les interstices de notre quotidienneté, de nos paysages, de nos emplois[1]. À l'occasion d'une journée précédente, j'ai aussi avancé l'idée de « coûts d'une non-solidarité territoriale » à l'échelle de l'Union, affirmant que le processus de construction communautaire ne pouvait s'appuyer sur de trop gros écarts économiques et sociaux entre pays et régions européens[2]. La citoyenneté passe aussi par la lisibilité d'une action de l'Union dans la vie des territoires infranationaux.

Nous nous proposons d'avoir une perspective territoriale différente en sortant de l'insularisme qui s'attache parfois aux réflexions sur une Europe mise hors du monde. L'objectif est ici d'apprécier si la mise en

[1] Dugot Ph., Laborderie S., Taulelle F., *Midi-Pyrénées, région d'Europe*, CRDP Midi-Pyrénées, 2008.

[2] Dugot Ph., « Géographes et territoire(s) de l'Europe », Toulouse, Actes de la Journée du 21 mars 2011, *L'Europe, objet renouvelé des sciences sociales : un état des lieux chez les géographes, les historiens et les juristes*. Publié aux Éd. Méridiennes, 2013, p. 65-90.

perspective face au reste du monde ne peut pas aider la construction citoyenne. Tzvetan Todorov rappelle que « l'union des États européens a reçu une impulsion décisive du fait des menaces qui ont pesé sur eux » : traumatisme de la Première Guerre mondiale puis menace soviétique. Selon Todorov, la stagnation de la construction européenne serait d'ailleurs liée à l'absence d'ennemis à sa taille, « la Russie [s'étant] pacifiée, la Chine [étant] lointaine, l'islam ne [représentant] pas une menace crédible, les États-Unis [étant] un allié »[3]. Sur ce dernier point nous ne sommes pas d'accord avec lui : le monde actuel apparaît mouvant, incertain et dangereux. Par contre l'idée de stimulation extérieure dans la marche communautaire nous paraît une piste recevable, que nous étendons plus précisément au processus de genèse citoyenne. Ce processus peut ne pas être nourri uniquement par la peur ou la crainte du déclassement mondial avec le sentiment confus que cela a et aura des impacts sur la quotidienneté de chacun. La construction citoyenne peut aussi emprunter des voies plus positives pavées du sentiment que l'Europe, puissance pacifique, dispose d'un *soft power* (mais n'est-ce pas idéaliser les choses et surtout oublier qu'il s'agit là d'une vision d'abord européenne, les regards extérieurs pouvant à l'inverse être teintés d'une hypermnésie alimentée des affres du colonialisme européen et du souvenir d'une Europe dominatrice ?) lui permettant de faire avancer quelques-uns des dossiers clef de l'avenir de l'humanité, la dimension environnementale par exemple.

Mais peu importe la voie suivie, même si la première aura plutôt notre préférence. L'idée est que le rapport au reste du monde s'impose à la construction européenne. Surtout, nous posons le postulat suivant : peut-être que la difficulté d'une solidarité européenne, signe et moteur de la crise d'une affirmation citoyenne à cette échelle, peut trouver dans ce changement d'échelle une force. L'Europe reste éclatée politiquement. Elle est diverse et c'est là déjà un écueil à surmonter pour sa construction. Mais est-ce rédhibitoire ? Ne revenons pas sur la force qu'a constituée sur le temps long cette diversité, stimulant les échanges, la compétition, constituant une formidable émulation anti-fatalisme ! Les États-Unis sont une mosaïque de communautés au vivre ensemble parfois difficile souvent solutionné par un côtoiement à distance. Pourtant la cohérence d'ensemble du pays n'est pas sérieusement remise en cause depuis l'épisode sécessionniste. Les Américains demeurent globalement fiers de leur appartenance commune. En Europe ce ciment manque ou le moins que l'on puisse dire est qu'il est loin d'avoir pris ! N'est-ce pas dans le rapport à l'extérieur que la citoyenneté européenne pourrait gagner en substance ? Après tout n'est-ce pas vue de loin que

---

3 Todorov T., *La peur des barbares. Au-delà du choc des civilisations*, Robert Laffont, 2008, p. 270.

l'unité européenne transparaît le mieux ? Prenons le cas des villes, n'est-ce pas à l'aune des villes africaines ou nord-américaines, que le modèle d'une ville européenne ressort le plus nettement ?

L'objet de notre propos n'est donc pas de produire un discours technique autour de la citoyenneté européenne. Il s'agit de s'interroger sur le rapport entretenu, ou pas, entre le citoyen européen, l'Union, dont la construction est un acte de géopolitique, et le reste du monde et de voir les interactions qui peuvent exister entre ces différentes sphères, ces différentes échelles. Est-ce que les enjeux d'une UE face au monde ne peuvent pas contribuer à la fabrique du citoyen européen là où le face à face entre Européens met surtout en avant les différences, grippant de fait les mécanismes de solidarité (crise de l'euro, l'Europe du travail vs l'Europe de l'huile d'olive, etc.) ? La quête de citoyenneté européenne se fait donc aussi enjeu géopolitique, le nécessaire étaiement d'un entre soi solidaire s'inscrivant dans l'inévitable rapport de puissance qui s'établit avec les autres entités politiques.

De tout cela nous allons discuter en trois temps : dans une première phase sont identifiés les freins à l'émergence d'une citoyenneté par les enjeux extérieurs. Pourtant, et deuxième temps, ces enjeux extérieurs existent et pèsent sur le citoyen européen. Nous terminerons par un état de la prise de conscience limitée du citoyen européen. Nous évoquerons, enfin, quelques pistes pour que l'effectivité des enjeux de la place de l'Union dans le monde se concrétise en termes de citoyenneté européenne.

I. Quels freins ?

Le premier frein à une mobilisation citoyenne relève des difficultés auxquelles se heurtent plus généralement les questions géopolitiques à trouver leur place dans une quotidienneté tyrannique. C'est d'autant plus vrai que cette quotidienneté est la prisonnière d'un contexte d'hyperconsommation au sens de Lipovetsky[4], c'est-à-dire d'une volonté d'accomplissement de soi par la consommation mais qui est doublée d'une hyper-individualisation croissante, même si elle est en grande partie illusoire. Les citoyens européens n'en sont pas dupes : s'ils sont 59 % à vouloir davantage de solidarité (contre 14 % de l'individualisme), ils dessinent néanmoins une Europe en 2030 où l'individualisme l'emporte sur la solidarité (37 % contre 32 %)[5].

Voilà qui vient nourrir le constat et la tendance d'individus centrés sur eux et qui manifestent une difficulté certaine à s'intégrer dans la

---

4 LIPOVETSKY G., *Le bonheur paradoxal. Essai sur la société d'hyperconsommation*, Gallimard, 2009.

5 Eurobaromètre 379, décembre 2011.

société autrement que par le paraître. Cette faiblesse d'une implication collective, au-delà d'appartenances somme toute limitées à de micro-groupes identitaires dessinant des patchworks claniques définis par des modalités d'affirmation de soi par la consommation, n'augure qu'assez mal d'une élévation du regard en direction de la réalité compliquée de notre monde, avec ses chaînages complexes d'interactions qui pourtant existent entre la quotidienneté consommatoire et des événements lointains, au mieux souvent mal connus, au pire ignorés !

Plus prosaïquement, le prix du pain ou du litre d'essence occupe légitimement une place importante dans le vécu des citoyens ! Ce faisant ils interagissent fortement avec la production d'un discours politique contraint d'y répondre. Les dangers soulignés par un Condorcet autour de la « démocratie immédiate » ou un Tocqueville le siècle suivant assénant que « la politique extérieure n'exige l'usage de presque aucune des qualités qui sont propres à la démocratie et commande au contraire le développement de presque toutes celles qui lui manquent » procède de ce constat d'une « préférence pour le présent » au détriment du temps long[6]. Ce penchant pour la temporalité immédiate d'une démocratie contrainte par les attentes impatientes des citoyens quant à leurs intérêts perçus, trouve un écho spatial dans le despotisme de la proximité. C'est Delors qui s'inquiète dans ses *Mémoires* que le « nez collé sur la vitrine du très court terme, certains pays ont perdu jusqu'au sens d'un projet pour leur pays, pour la société et pour l'Europe »[7]. Le processus de construction européenne en est une victime collatérale particulièrement désignée et la situation de crise que traverse le continent ne favorise ni un élargissement des perspectives citoyennes, ni une élévation du discours politique. Le citoyen espagnol appauvri et angoissé par un déclassement potentiel n'a que peu d'appétence pour la chose géopolitique. À côté de cela, les événements qui peuvent parcourir le reste du monde apparaissent au mieux comme une toile de fond mais guère plus. Pourtant, à chaque fois qu'un citoyen européen met de l'essence dans son véhicule, il est, sans en avoir conscience, un des ultimes maillons d'une chaîne géopolitique le reliant de fait au Grand Jeu renouvelé des affaires du monde (cf. *infra*).

Le déficit de citoyenneté en termes d'implication dans une collectivité nationale, dès lors qu'on intègre dans l'équation le grand large de questionnements géopolitiques, est donc très important. Cet éloignement prend à l'échelle de l'Europe une dimension abyssale en raison de la distanciation qui peut exister vis-à-vis de cette collectivité spécifique. Celle-ci se matérialise par l'abstention record qui caractérise les scrutins

6 *De la Démocratie en Amérique*, 1840.

7 Delors J., *Mémoires*, Plon, 2004, p. 472.

européens : 56,9 % à l'échelle de l'Union en 2009 ! Comble de la situation, cette abstention est croissante. Elle atteint parfois des niveaux qui ne peuvent que nous interroger quant à la réalité d'une citoyenneté européenne : lors du dernier scrutin de 2009, en République tchèque, en Lituanie, en Pologne, en Slovénie, en Slovaquie et en Roumanie, le taux d'abstention est même supérieur à 70 %, dépassant 80 % en Slovaquie ! Défaut d'information ? Défaut de motivation de « citoyens » ne comprenant pas l'intérêt du scrutin ? Défiance vis-à-vis d'institutions mal connues, à l'utilité peut-être contestée ? Vision d'une Europe d'abord économique, en charge de fournir des subsides pour combler un retard de développement, puisqu'il s'agit de pays de « l'autre Europe » ? *A contrario*, citoyens d'abord préoccupés par l'affermissement de leur citoyenneté nationale dans des pays ballottés par l'histoire récente, trop longtemps spoliés de leur pleine souveraineté ? Un peu de tout cela ? Il n'est pas dans notre propos de disséquer plus avant l'étiologie de cette situation mais d'en faire le seul constat : voilà qui met en perspective une crise citoyenne particulièrement forte à l'échelle de l'Union.

Cette crise ne peut que se repaître de l'illisibilité d'une Union, vaste entrelacs d'institutions au rôle mal connu. Pour en rester à notre démarche d'une interrogation de la citoyenneté européenne face au monde, c'est singulièrement le cas en matière de politique extérieure. Les choses ont pourtant progressé en la matière. Créée par le Traité de Maastricht en 1992, la Politique étrangère et de sécurité commune (PESC) se voit dotée en 1997 avec le Traité d'Amsterdam d'un Haut Représentant (Javier Solana entre 1999 et 2009). En 2000 le Traité de Nice instaure une Politique européenne de Sécurité et de Défense (PESD). Dans ce cadre initial ont été menées des opérations extérieures ; on peut citer en 2003 la mission de police de Bosnie, l'opération Artemis au Congo ou en 2004 la mise en place de la force européenne EUFOR qui remplace l'OTAN en Bosnie-Herzégovine. En 2008, c'est l'opération navale Atalanta au large de la Somalie. Le Traité de Lisbonne, outre qu'il dote l'Union d'une personnalité juridique, ce qui lui confère la possibilité de participer à des conventions internationales et d'être membre d'une organisation internationale, remet sur l'établi la PESC. Un Haut Représentant pour les affaires étrangères, cumulant les fonctions du Haut Représentant tel que prévu par le Traité d'Amsterdam et la diplomatie économique tenue auparavant par le Commissaire en charge des relations extérieures, est mis en place. Ce Haut Représentant préside en outre le Conseil des ministres des Affaires étrangères. En charge de la conduite de la PESC, menant le dialogue politique avec les pays tiers, exprimant la position de l'Union au sein des organisations internationales, le Haut Représentant dispose d'un Service européen pour l'action extérieure (SEAE), soit 3 339 personnes, plus de la moitié provenant des

130 délégations de l'Union dans le monde, réseau en affirmation. L'ensemble dispose d'un budget de 776,6 millions d'euros[8].

Voilà côté face. Côté pile, la réalité est moins reluisante. D'un point de vue symbolique, on peut d'abord relever que dans le projet constitutionnel européen, dont le Traité de Lisbonne est le fils, on ne parlait pas de Haut Représentant mais de « ministre européen des Affaires étrangères ». Cette appellation n'a pas été retenue en raison de l'opposition de plusieurs pays, dont le Royaume-Uni, trouvant à ce titre une connotation trop supranationale. C'est sans doute aussi pour la même raison qu'a été proscrit le terme de « diplomatie européenne ». Si le budget évoqué est loin d'être négligeable, il s'agit d'un budget de fonctionnement n'offrant guère d'opérationnalité. C'est aussi dans le choix de Catherine Ashton pour occuper le poste de Haut Représentant, inconnue en Europe mais aussi dans son pays d'origine, le Royaume-Uni, que se lit l'ambition effective donnée à la fonction. Sans participer au concert des moqueries, méchancetés et assauts de mauvaise foi dont Mme Ashton a souffert, un tel poste aurait sans doute mérité une personnalité plus forte. On ne compte plus les déclarations de la Haute Représentante mais qui les écoute ? Qui les relaie ? De fait, au-delà des principes, la PESC effective est surtout une agrégation de politiques nationales d'abord soucieuses d'elles-mêmes avec à la clef, parfois, une cacophonie de la parole des Européens…

Quelle adhésion citoyenne dans un tel contexte, d'autant que tout cela est entouré d'une illisibilité institutionnelle ? Toujours à la suite de Lisbonne l'Union s'est dotée d'un président permanent du Conseil européen, la belle affaire ! « Who's that guy ! » fait dire à Obama un caricaturiste à propos de Herman Van Rompuy[9]. Réminiscence qui évoque la boutade méprisante attribuée à Kissinger : « L'Europe, quel numéro de téléphone ? » Car ce sont trois autres présidences que les institutions alignent : la présidence du Parlement, la présidence de la Commission et la présidence tournante du Conseil assumée à tour de rôle par chacun des États membres. On pourrait ajouter dans un autre registre, mais qui ajoute à la confusion d'ensemble, le président de l'Eurogroupe, instance rassemblant les ministres des Finances de la zone euro. La présence conjointe des présidents du Conseil européen, du Parlement européen et de la Commission européenne lors de la cérémonie de remise du prix Nobel de la paix à Oslo en décembre 2012 donne une illustration par l'absurde de cette réalité institutionnelle. Le monde rit mais l'Europe se cherche, les citoyens s'y perdent, au mieux ricanent

---

8 Données extraites du rapport d'activité annuel du SEAE : *Annual Activity Report 2011*.

9 Dessin de Shooty, Slovaquie, *L'Express*, 18 juin 2011.

à leur tour, au pire s'en fichent, sont navrés pour ceux qui ont quelques tentations européistes. Tout cela n'est guère mobilisateur !

Mais l'Union serait-elle au clair de ce seul point de vue, que l'adhésion citoyenne se heurterait au flou du projet européen, en tous les cas à une vision floue de l'Europe : d'un côté elle pourrait/devrait apparaître comme la garante ultime de la protection du niveau de vie des Européens alors que d'un autre côté elle est vue par de nombreux Européens comme la fossoyeuse libérale d'un certain modèle social. On la présente souvent ouverte « aux quatre vents » face à des partenaires qui n'offriraient pas de telles contreparties. Sans doute est-ce en partie vrai. Qu'il s'agisse des règles d'ouverture des marchés publics ou de la liberté d'investissement, en Chine, Inde ou Russie, on observe une non-réciprocité inquiétante. De façon individuelle les pays cherchent à s'en prémunir. L'Allemagne contrôle tout projet de prise de participation non communautaire supérieur à 25 %. En France des dispositifs concernant quelques secteurs sensibles existent. Dans tous les cas et à l'échelle communautaire, pourtant la plus adéquate sur un tel sujet, l'Europe ne dispose pas d'un outil équivalent à celui de la loi Exon-Florio de 1988 par le biais de laquelle l'État fédéral américain peut bloquer toute vente ayant des conséquences potentielles sur une sécurité nationale dont la non-définition autorise les plus larges interprétations[10].

Il n'est en définitive guère surprenant que les citoyens européens doutent que l'Europe soit un leader diplomatique en 2030 : ils ne sont que 42 % à soutenir une telle affirmation contre 44 % l'inverse. Il n'y a que dans 8 pays (Danemark, Suède (67 %), Pays-Bas, Chypre, Belgique, Espagne, Luxembourg, France (51 %)) où une majorité de citoyens le pense. Par contre, on observe un déterminant éducatif, puisque la part de ceux qui voient l'UE comme un leader diplomatique atteint 48 % chez ceux qui ont quitté l'enseignement après 20 ans contre 39 % pour ceux qui ont cessé leurs études avant 15 ans[11].

Pourtant, les enjeux sont là qui devraient inviter les citoyens à se mobiliser et qui pourraient motiver leur adhésion au processus de construction européenne.

II. Des enjeux ou l'Union et le monde : forces et faiblesses

L'Union continue d'être une puissance qui compte sur l'échiquier mondial. Peuplée d'un demi-milliard d'habitants, son PIB dépasse celui des États-Unis et laisse à ce jour assez loin derrière celui de la Chine : respectivement 17 221 milliards de dollars contre 15 094 et 7 298. Elle se révèle être la principale puissance exportatrice du monde, sa part dans

---

[10] Source : *Images économiques du monde 2013*, Armand Colin, 2012, pp. 56-60.

[11] Eurobaromètre 379, décembre 2011.

le commerce international étant de 16,7 %, devant les États-Unis (14 %) et la Chine (12,4 %). Un regard rapide sur les IDE montre que l'Union bénéficie de 27,6 % des flux entrants et 33 % des flux sortants, en faisant encore le premier récepteur et émetteur d'investissements dans le monde en 2011[12]. Parmi les 1 000 plus grandes firmes manufacturières mondiales (classées selon leur chiffre d'affaires), l'Union en totalise 183 ce qui la classe après les États-Unis (303) et le Japon (237)[13].

De ce rapide balayage statistique, on est tenté de déduire dans un premier mouvement que « la vieille » présente encore bien ! Mais il s'agit là d'une puissance statistique ! D'abord, cela masque de profondes divergences selon les pays. L'Union est un assemblage hétéroclite d'économies nationales. Ainsi, la puissance commerciale de l'Union est d'abord celle de l'Allemagne. Surtout, qui dit agrégation statistique ne dit pas intégration et production de capacités communes. En raison de l'éclatement politique et de la faiblesse d'une fédéralisation des budgets, qu'il s'agisse de la recherche ou de l'armée, la sédimentation de la richesse n'accouche pas d'un potentiel de mobilisation de celles-ci à l'instar d'États-Unis incomparablement plus cohérents. Parler de première puissance économique pour l'Union européenne, a fortiori en inférer un constat de puissance tout court, surtout comparer le résultat avec les autres puissances que sont la Chine et les États-Unis, constitue une illusion géopolitique. L'absence de solidarité, la méfiance, l'incapacité à partager les ressources ou à les attribuer, non en fonction de subtils équilibres nationaux, mais à l'aune d'autres facteurs telle l'efficience d'une entreprise ou d'une université, conduisent à une gabegie de cette réalité économique. La puissance européenne est grandement virtuelle.

De fait, ce constat n'enraye pas le sentiment d'un déclassement. Reprenons les 1 000 plus grandes firmes manufacturières : de même que les États-Unis et le Japon, certes, leur nombre baisse sensiblement entre 2003 et 2010. Cette baisse se fait au profit du reste du monde et dans une large partie de la Chine voyant le nombre de firmes recensées passer de 4 à 40. Toutes les tendances aboutissent d'ailleurs au constat d'un déclin relatif de l'Europe vis-à-vis du reste du monde. En termes de R&D le déclassement apparaît plus nettement encore, l'Asie ayant dépassé par les montants de R&D l'Union européenne : 34,3 % de part mondiale contre 23 %, le montant cumulé de la Chine et du Japon représentant 23,7 %.

---

12 Source : CNUCED, *World Investment Report 2012*.

13 *Images économiques du monde 2013*.

Sans tomber dans les grandes peurs, telle celle d'un Alfred Sauvy s'inquiétant d'une Europe submergée[14], il n'en demeure pas moins que la part de la population européenne n'a cessé de décliner au cours du XXe siècle. Si dans les années 1950 le continent totalisait encore 21,6 % de la population mondiale, il n'en représente plus aujourd'hui que 10,6 %. L'agrégation démographique que constitue une Union totalisant 7,3 % de la population mondiale peut avoir un effet rassurant pour des pays européens qui, pris isolément, apparaissent comme des nains démographiques. Sans doute que la question démographique n'a plus aujourd'hui, dans des sociétés avec de multiples intercessions techniques, autant d'importance qu'avant. Sans doute aussi que le poids du nombre est moins discriminant qu'une population bien formée aux activités encadrées dans une société organisée. Mais l'Europe, et les pays occidentaux en général, voient cet avantage concurrentiel fondre rapidement. Circonstance aggravante, cette population vieillit avec une proportion des plus de 65 ans qui devrait atteindre près de 27 % en 2040 (contre 17,4 % aujourd'hui). C'est tout le modèle social européen qui est remis en cause. La question démographique est donc anxiogène d'autant que se dessine un monde à venir non dénué de danger.

Jusqu'à ce jour l'Europe a pu bénéficier du parapluie américain. Doit-on considérer comme géopolitiquement durable que ce petit cap d'Asie qu'est l'Europe ne soit plus qu'un appendice à la puissance américaine, servant tout au plus de supplétif ? Faut-il croire en une « Euramérique »[15] ? Ce serait oublier une Amérique confrontée d'abord à ses propres soucis et aspirations. Un rapide détour vers les débats lors de la présidentielle américaine de 2012 montre que l'Europe en est singulièrement absente. Pis, lorsqu'elle émerge, ce n'est pas forcément au titre de modèle à suivre, mais plutôt comme un repoussoir. C'est le président du Parti républicain qui enjoint ses compatriotes à ne pas échanger « le rêve [des] pères fondateurs contre le cauchemar européen »[16]. Penser l'euratlantisme comme une donnée intangible, c'est peut-être sous-estimer un divorce stratégique plus profond. Robert Kagan oppose ainsi une Europe faible, qu'il qualifie de vénusienne, à des États-Unis forts, qualifiés de martiens[17]. Alors que la première prône la négociation et la prééminence de lois internationales, l'unilatéralisme,

---

14 Sauvy A., *L'Europe submergée*, Bordas, 1993.

15 De Carmoy H., *L'Euramérique*, PUF, 2007.

16 Propos tenus dans l'Ohio en novembre 2012 (*Le Monde*, 4 et 5 novembre 2012).

17 Kagan R., *La puissance et la faiblesse*, Hachette, Pluriel, 2003. Selon les données consignées dans le rapport du Groupe de Recherche et d'Information sur la Paix et la sécurité (GRIP, *Compendium 2012*), alors que les États-Unis dépensent 1 703 euros par habitant pour leur défense, ce ne sont que 429 euros qui sont mobilisés pour chaque habitant de l'UE 27.

parfois violent, serait la norme des seconds. De fait, l'action extérieure européenne se manifeste par une implication sur des dossiers appelant une gouvernance et en tous les cas une gouvernance mondiale, la question de l'environnement par exemple. Sans idéaliser ni la réalité d'une UE figurant parmi les principaux pollueurs de la planète, ni sa posture, il n'en demeure pas moins que l'Union a constitué un moteur important en la matière. Kyoto par exemple. Au moins à titre de comparaison, les États-Unis, la Chine ou la Russie font preuve d'une irresponsabilité flagrante. Ce chantier fait d'ailleurs partie des quatre champs identifiés par Zaki Laïdi où la puissance normative de l'Union se déploie avec l'attachement à une ouverture des marchés mondiaux, la régulation des marchés financiers et la réduction des sources de polarisation de la violence politique par le recours à la prévention des conflits et au maintien de la paix. Passons sur l'absence de consensus entre Européens quant aux modalités d'action pour retenir que ces objectifs, sauf le premier, ne sont guère mis en avant par les États-Unis. Kagan voit dans « l'abîme stratégique entre les États-Unis et l'Europe » une situation inquiétante d'autant qu'elle est aussi le fruit d'une rupture idéologique croissante, peut-être « irréversible », et d'une vision du monde différente. Que l'on partage ou pas la vision d'un Kagan, elle a au moins l'intérêt de mettre les Européens face à la responsabilité de leur propre destin. Sans doute que l'Europe normative et kantienne apparaît plus séduisante qu'une Europe face à ses réalités géopolitiques. La posture d'une Europe préoccupée d'un développement davantage durable et de paix peut contribuer à mobiliser la jeunesse européenne. C'est heureux, peut-être à la source d'un *soft power* à l'européenne, mais est-ce un rapport au monde suffisant ? On peut reprendre une question posée par Zaki Laïdi : « Une puissance normative suffit-elle à faire puissance au XXIe siècle ? ». Surtout, si l'Union « échoue, elle confortera l'opinion de ceux pour qui cette forme de puissance est au mieux une forme hémiplégique de la puissance, au pire une forme illusoire de celle-ci »[18]. L'illusion pourrait en outre être dangereuse.

Comment imaginer une Europe qui puisse se mettre en retrait du monde ? Contrairement aux États-Unis à différentes époques de leur histoire, voire encore aujourd'hui dans une certaine mesure, l'Europe ne peut se payer le luxe d'une posture isolationniste. Aucun « jacksonien »[19] ne serait suffisamment crédible pour porter un projet insulaire à l'échelle de l'Europe, a fortiori de l'UE. Michel Foucher souligne que

---

[18] Laïdi Z., *La norme sans la force*, Les Presses de Science Po, 2e éd., 2008, p. 262-263.

[19] Du nom d'Andrew Jackson, perçu comme le premier président américain (1829-1837) à représenter une Amérique profonde d'abord préoccupée de ses propres affaires. Selon l'expression de Walter Russell Mead, cité par Henry Kissinger, *La nouvelle puissance américaine*, Fayard, 2003.

l'un des rares points à faire l'objet d'un consensus affiché à l'échelle de l'Union « semble être la volonté de préserver le modèle de vie des Européens », entendu là comme un certain niveau de vie, de droits démocratiques et quelques autres valeurs. De poser la question essentielle : « Cet intérêt fondamental – celui de la pérennité recherchée par toute organisation collective – peut-il être acquis sans une capacité à peser sur le cours du monde, face à des États qui ont des politiques de puissance ? »[20] Prenons le cas de la dépendance énergétique[21]. Elle est aujourd'hui de 53,1 %[22]. C'est mieux que la situation observée dans les années 1970 avant le premier choc pétrolier où le taux était de 63 %. Par contre cela traduit une aggravation au cours de ces dernières années puisqu'en 1997, la dépendance était de 45 %. Dans les années qui viennent, cette dépendance devrait continuer de croître. L'Europe dispose-t-elle des moyens d'une autosuffisance ? C'est peu probable à court terme !

Cette question, accompagnée du simple rappel que l'Union est une puissance économique largement extravertie, ne conduit-elle pas à la mise en place d'une realpolitik d'autant que des pays tiers, les États-Unis, la Chine de plus en plus, manifestent de solides appétences géopolitiques nourries par leurs propres besoins ? Cette realpolitik passe néanmoins encore largement par les pays membres qui développent leur propre politique extérieure ce qui met à rude épreuve la solidarité des différents États membres alors même que l'Union pourrait jouer à plein dans une subsidiarité non pas descendante mais ascendante. La question de l'énergie est un bon révélateur de cette concomitance entre nécessité d'une politique communautaire et résilience des intérêts et pratiques nationaux. Les pays de l'Union auraient tout intérêt à maintenir un front uni face à l'un de leur principal fournisseur de gaz, la Russie. Dans les faits c'est souvent l'inverse qui se passe. Le gazoduc Nord Stream sous la Baltique, entre Allemagne et Russie, présenté comme européen, est à l'origine surtout un projet germano-russe laissant de côté d'autres pays membres, la Pologne, les Pays baltes. En fait, paradoxe européen, l'importance de l'enjeu amène les pays à se recroqueviller sur eux-mêmes alors que la logique voudrait qu'ils soient unis… « comme si la

---

20 Foucher M., *L'Europe et l'avenir du monde*, Odile Jacob, 2009, p. 107.

21 Et au-delà de l'énergie, c'est plus largement la grande pauvreté de l'Union dans de nombreuses matières premières qu'il faudrait évoquer. Ainsi, les pays de l'Union consomment 20 % des métaux mais ne participent qu'à 3 % de la production mondiale. Cf. de la Commission européenne, le rapport *Critical raw materials for the EU*, Report of the Ad-hoc Working Group on defining critical raw materials, juillet 2010. Voilà qui devrait motiver le renforcement d'une politique de voisinage élargie en direction du voisin immédiat qu'est l'Afrique.

22 Source : Annuaire Eurostat, 2010.

bataille pour des chaloupes comptait plus, une fois encore, que le sauvetage du navire », écrit, d'une façon imagée, Jacques Attali[23].

S'il ne faut pas tomber dans la paranoïa d'un monde nourri par la peur, pour reprendre la géopolitique émotionnelle de Dominique Moïsi[24], il faut aussi se garder de tout angélisme kantien dans un monde où l'émergence de nouvelles puissances soucieuses de rattraper leur histoire perdue, la rémanence d'une humiliation encore mal digérée dans d'autres parties du monde, sont autant de moteurs d'une hypermnésie dangereuse car alimentant le rejet de l'autre. Nous partageons le propos d'Hubert Védrine que bien des peuples du « Sud » « ont la mémoire moins courte et ne se satisfont pas de notre récente et commode épidémie de repentance »[25]. S'il ne fallait prendre qu'un exemple de la vivacité de l'Histoire, les atermoiements et aléas d'une coopération euro-méditerranéenne où les grands discours généreux sont battus en brèche par une méfiance réciproque suffiraient à s'en convaincre.

Ces enjeux apparaissent bien éloignés du citoyen européen. Pourtant, leur prégnance devrait être le carburant essentiel d'une « citoyenogenèse » européenne ! Sylvie Goulard nous invite « à cultiver notre jardin européen »[26]... Certes, la crise de l'euro, les différentiels de croissance au sein de l'Union montrent qu'il existe un problème de solidarité au sein de l'UE avec à la clef une difficulté dans l'affermissement d'une citoyenneté européenne. Ajoutons aussi que tous les pays européens n'en sont pas au même degré de maturité nationale : l'histoire compliquée de l'Europe centrale et balkanique se traduit par des pays cherchant encore leurs marques, hésitant dans leur propre définition de la citoyenneté, de ses limites. La citoyenneté européenne est une perspective d'autant plus éloignée. Il faut donc cultiver notre jardin mais ne faut-il faire que cela ? Revenons à notre postulat introductif. Justement parce que cette ouverture vers un grand large géopolitique, doublée de la prise de conscience d'une mondialité de problèmes, permet de sortir d'une forme d'insularité communautaire où se repaissent les différences, elle peut contribuer à faire ressortir les points communs entre Européens et l'entrelacs de valeurs et d'enjeux collectifs. Sans doute que les peurs subséquentes participent à l'éclosion des populismes en Europe, du Jobbik hongrois, voire le Fidesz, à l'Aube dorée grecque en passant par les « Démocrates de Suède », le Vlams Block flamand, les « Vrais finlandais », la Ligue du Nord en Italie ou le Front national français ! On observe également une montée des régionalismes. Mais peut-être y a-t-il

---

23 Attali J., « L'Europe, en fin », *L'Express*, juin 2012.

24 Moïsi D., *La géopolitique de l'émotion*, Flammarion, 2009.

25 Védrine, H., *Continuer l'Histoire*, Fayard, 2007, p. 24.

26 Goulard S., *Il faut cultiver notre jardin européen*, Seuil, 2008.

là aussi la force motrice d'une prise de conscience pour un citoyen qui, à cette échelle, voit ou peut entrevoir, le rôle potentiel d'une Union forte de son demi-milliard d'habitants et de son marché ? L'Union européenne n'est-elle pas perçue, même si cela n'est pas consciemment admis, rarement dit par le politique, comme une masse rassurante, un cocon protecteur, face à un grand large mondialisé et vu comme vaguement menaçant ? Mais jusqu'à quel point est-ce le cas et que faudrait-il faire pour animer la flamme citoyenne ?

III. Entre ébauche d'une prise de conscience citoyenne et grande indifférence, que faire ?

Quelques indices montrent que la prise de conscience n'est pas totalement éteinte chez le citoyen européen. Cela procède d'abord d'une intégration du fait européen dans la citoyenneté des habitants : 79 % sont familiers du terme « citoyen européen » même si les deux tiers s'estiment peu informés quant aux droits afférents. 90 % savent qu'ils sont à la fois citoyens de l'UE et de leur propre pays[27]. Pour autant, seulement 4 % des Européens se disent Européens uniquement même s'ils sont 46 % à se dirent Européens à côté de leur propre nationalité. Sans surprise, la défiance à une citoyenneté européenne est plus ou moins forte selon les pays, le Royaume-Uni ou l'Irlande mettant de façon très majoritaire leur seule nationalité en avant (respectivement 60 et 58 %). On relève que la proportion de ceux qui se sentent européens et de leur propre nationalité atteint 50 % pour les 25-44 ans, 54 % parmi ceux dont la fin d'étude se situe à 20 ans et au-delà et 51 % pour les CSP supérieures[28].

Ce sentiment semble néanmoins bien fragile face à la lame de fond de l'euroscepticisme. Cette fragilité transparaît clairement dans un récent sondage publié en septembre 2012 par la fondation Bertelsmann[29]. Mené en juillet auprès d'un millier d'Allemands, un millier de Français et un millier de Polonais, certains résultats illustrent la crise de confiance que traverse la construction européenne : par exemple un Allemand sur deux (49 %) pense que sa situation personnelle serait meilleure sans la construction européenne. À l'inverse, pour 53 % des Français elle serait pire. Méfait de la crise de l'euro, 35 % des Allemands, 36 % des Français et 24 % des Polonais pensent que l'on va assister à un repli sur les États-nations… Par contre, et élément remarquable du sondage, venant nourrir notre hypothèse initiale que c'est peut-être le face-à-face avec l'extérieur qui sauvera l'impératif européen, 60 % des personnes interrogées

---

27 *La citoyenneté européenne*, mars 2010, Eurobaromètre flash.

28 Eurobaromètre 379, décembre 2011.

29 *Le Monde*, 18 septembre 2012.

pensent que leur pays a besoin de l'Union pour peser face aux grandes puissances. Dans un entretien accordé au quotidien *Le Monde*, Frans Timmermans, ministre des Affaires étrangères des Pays-Bas, tout en notant que « les Néerlandais sont fâchés avec l'Europe », n'en souligne pas moins ce même poids de la dimension extérieure dans le processus européiste : « C'est parce que leur pays est ouvert au monde que beaucoup de Néerlandais réclament de l'Europe qu'elle les protège face à une mondialisation perçue comme nuisible et brutale. »[30]

Tout cela n'est finalement guère surprenant et on relève des exemples ponctuels montrant que la labilité de l'adhésion à la construction européenne est dans une portion non négligeable corrélée au sentiment de sécurité ou plus précisément d'insécurité éprouvé par les citoyens d'un pays, fonction de la confiance plus ou moins grande quant à la capacité de leur propre gouvernement à gérer une situation de crise. Prenons deux exemples de deux pays périphériques, l'un membre de l'Union, la Finlande, l'autre pas, l'Islande. Les Islandais de l'été 2008, en plein effondrement de leur système bancaire, étaient, pour plus de la moitié, favorables à l'adhésion à l'Union. En mars 2010, ils ne sont plus que 25 % et 60 % affirment même y être fermement opposés ! En d'autres termes, l'Union, dans un monde, en l'occurrence de la finance et d'institutions internationales vues comme impitoyables, apparaît bel et bien comme un recours pour les citoyens islandais. Par contre, une fois la situation stabilisée, cet appel de la raison s'effiloche rapidement sur le socle d'un éloignement profondément ancré vis-à-vis des implications plus larges du processus de construction européenne. Autre exemple, celui de la Finlande, passée du statut de pays europhile, seul des pays nordiques à avoir adhéré à la monnaie unique et dès le début, au statut de « Angry bird », oiseau en colère, où la montée du populisme nourrit un euroscepticisme croissant. Selon Noël Chaker[31], la crise de l'euro n'explique pas tout. D'une façon plus structurelle, c'est l'évolution du rapport à la Russie qui explique ces attitudes : l'UE a permis à la Finlande de clairement se positionner à l'Ouest. Aujourd'hui, le voisin russe semble moins menaçant, peut-être aussi économiquement plus alléchant, alors que l'Union et la zone euro apparaissent engluées dans la crise. Dans les deux cas, on relève une adhésion au projet européen comme étant susceptible de fournir un cadre, un amortisseur, un matelas. Mais d'un autre côté, on mesure la fragilité de cette adhésion. Cet émoussement rapide n'est-il que le reflet de la périphéricité géographique, dans une certaine mesure culturelle et en tous les cas géopolitique, de ces deux pays ?

---

30 *Le Monde,* 26 décembre 2012.

31 Chaker A. N., *The Finnish Miracle*, Talentum, 2011. Cité dans *Le Monde*, 19 octobre 2012.

Certains résultats aux Eurobaromètres sont encourageants dans le sens où les citoyens européens envisagent aussi l'Union dans son rapport au monde. Les citoyens européens souscrivent ainsi massivement à une politique de sécurité et de défense commune (77 % dans l'UE à 25) ou une politique étrangère commune (68 %)[32]. De même, ils ne sont pas fermés à une action communautaire. Ils sont par exemple 85 % à souhaiter une implication plus grande dans la lutte contre le terrorisme et 84 % en ce qui concerne la promotion de la démocratie et de la paix dans le monde[33]. 76 % d'entre eux pensent que la globalisation requiert des règles communes alors que pour 61 %, l'UE apparaît comme suffisamment puissante et équipée pour défendre les intérêts économiques de l'Europe dans l'économie globale[34]. Dans un autre registre, mais qui renvoie aussi à l'existence de l'UE en tant qu'entité politique extérieure, 62 % des citoyens européens revendiquent une protection consulaire identique pour tous les citoyens auprès de toutes les ambassades des États membres.

Mais que doit-on penser de la profondeur de ces réponses en dehors du moment où elles sont posées ? Tout cela apparaît bien fugace. La « confortable irresponsabilité » des Européens qu'évoque Hubert Védrine et son appel à prendre conscience « des menaces concrètes que recèle le monde actuel » demeurent comme des leitmotivs. Et de continuer : « le moment venu, après les débats et controverses publics nécessaires, il faudra certes obtenir dans les urnes la légitimation de cette ambition européenne reformulée. Car il n'y aura pas d'Europe-puissance sans un large consensus qui fait aujourd'hui défaut et qui reste à construire »[35]. L'usage du « certes » dans ce propos interroge. Doit-on y voir une forme de regret vis-à-vis de cette étape ? Plus encore, une peur, celle d'une « trahison » de la base vis-à-vis des projets d'une élite éclairée ? Quoi qu'il en soit, voilà qui adoube l'étape citoyenne comme substrat impératif de tout projet européen, y compris dans ses ambitions extérieures. D'ailleurs tout n'est-il pas lié ? Le même Hubert Védrines appelle de fait à « prendre à témoin l'opinion européenne dans toute son ampleur à l'occasion d'un référendum général ou d'élections européennes : "voulez-vous que l'Europe devienne une puissance mondiale avec ce que cela implique sur les plans diplomatique et militaire ?" »[36].

---

32 Eurobaromètre n° 64, décembre 2005, cité par Goulard S., *Le coq et la perle. Cinquante ans d'Europe*, Seuil, 2007, p. 160.

33 Eurobaromètre 379, décembre 2011.

34 Eurobaromètre 379, décembre 2011.

35 Védrine H., *op. cit.*, p. 116.

36 Védrine, H., *op. cit.*, p. 113.

Comment animer ou ranimer le feu, sortir le citoyen européen de sa torpeur ? Comment le persuader que la construction européenne est à maints égards d'ores et déjà un cocon protecteur de sa sécurité alors même que la crise économique, avec ses ravages sociaux, invite à se retourner vers des cocons territoriaux plus proches, perçus comme plus sûrs et où la solidarité est moins discutée ?

Un préalable évident : il n'y a de citoyen que de citoyen informé et éduqué. En l'espèce l'abondance des intercesseurs techniques, smartphones et autres réseaux sociaux, sont plus à la source d'une logorrhée informationnelle, plus ou moins intéressante, que le gage d'une claire perception de l'actualité ! C'est la question de la formation et de l'éducation du citoyen européen au monde ! L'Europe se fera peut-être « par la preuve » mais elle se fera aussi par l'école. Il ne s'agit pas de prôner une éducation civique à la sauce bruxelloise sur le mode de la présentation des institutions et de l'hagiographie de tel ou tel. Il ne s'agit pas plus de prôner une Europe puissance agressive, conquérante, ce qu'elle a historiquement été. Si l'Europe, « puissance normative », voulant jouer d'un « soft power » peut aussi être un vecteur commode d'intercession entre le citoyen et le monde, parce que plus positif et en phase avec certains fondements du projet européen, il ne peut non plus suffire. Mais sans doute n'est-il pas utile de bâtir un objectif a priori. Il est plus pertinent de construire une Europe « par les enjeux », et le positionnement au monde. Il faut mettre à jour le chaînage des interactions entre quotidienneté et affaires du monde. Il faut en systématiser l'apprentissage de façon à doter le citoyen d'un libre arbitre informé. Voilà qui réinvite dans le débat européen le vieil ouvrage d'Yves Lacoste rappelant que *La Géographie ça sert d'abord à faire la guerre…*[37] De cet ouvrage on doit retenir que les connaissances géographiques sont un savoir stratégique qui de fait, possède aussi une dimension émancipatrice pour le citoyen. Sans doute que dans une Union où l'expertise, dans ce domaine comme dans bien d'autres, est confisquées par de puissants lobbies[38], l'émancipation par le savoir est d'autant plus nécessaire. Quoi qu'il en soit, la connaissance du monde et de l'Europe dans ce monde, de sa position, de l'évolution de sa place, la prise de conscience d'une certaine forme de déséconomie de la puissance et de ses possibilités d'action en raison de son éclatement politique, sont des supports essentiels à l'affermissement d'une citoyenneté. Cet impératif est d'ailleurs bien intégré par les instances européennes. Dans le rapport portant sur la stratégie européenne de sécurité, paru en 2009, il est écrit

---

37 Lacoste Y., *La Géographie, ça sert d'abord à faire la guerre*, Petite collection Maspero, 1976.

38 Malosse H., Limousin L., *La construction européenne. Histoire et avenir d'une Europe des peuples*, L'Harmattan, coll. « Questions contemporaines », 2012.

qu'il est « essentiel de conserver le soutien du public en faveur de [l'engagement] au niveau mondial. [...] Il incombe aux gouvernements aux parlements et aux institutions de l'Union de faire savoir que [l'Europe contribue] ainsi à [sa] propre sécurité »[39].

Mais on ne peut former, ou à tout le moins informer, que celui qui dispose d'une oreille attentive. On peut rétorquer que le citoyen américain lambda n'est, globalement s'entend, ni très informé des choses du monde, ni particulièrement intéressé. La structure continentale uniformisatrice des États-Unis apparaît même d'ailleurs largement moins propice à un contact à l'altérité que l'Europe diverse et peut davantage inciter à un retrait du monde, réflexe toujours tapi au fin fond de l'arène politique états-unienne. Mais, à la différence du citoyen européen, sa citoyenneté repose sur un socle solide, celui des États-Unis. Il faut donc en parallèle et autre préalable, poser le chantier de l'identité et de fait des limites de l'Europe. Une place au monde, un regard sur le monde par Bruxelles nécessite une cohérence interne minimale et surtout le sentiment que ce qui unit est plus fort que ce qui sépare. Il ne s'agit pas ici de revenir sur les limites de l'Europe, thème déjà abordé dans la journée précédente[40]. Il s'agit encore moins d'en édicter et de décréter une fois pour toutes que les limites sont celles-là et pas d'autres. Questions vaines qui ne trouvent jamais de réponses satisfaisantes. La seule européanité qui vaille, c'est celle du sentiment d'une communauté de destins largement partagée, un peu comme Renan définissait la nation d'abord comme un désir de vivre ensemble, lui conférant même une âme[41]. C'est d'ailleurs un peu à cela que Jacques Delors se réfère lorsque, dans un *Discours aux Églises* à Bruxelles le 14 avril 1992, il dit que l'on « ne tombe pas amoureux d'un grand marché » et qu'il faut « donner une âme à l'Europe ».

Suffit-il, à la suite de Denis de Rougemont, de vouer aux gémonies l'État-nation et promouvoir d'autres cadres, celui d'une fédération des régions européennes, la « complexité de [ces dernières rendant] justice [aux] fécondes diversités [de l'Europe], et l'ampleur d'une Fédération continentale [exprimant] l'unité millénaire de sa culture »[42] ? Sans doute faut-il souhaiter avec Jürgen Habermas un dépassement de l'État-nation afin de donner une « réponse politique aux défis de la constellation postnationale » d'essence économique[43]. Pour que ce sentiment d'une com-

---

39 Conseil de l'Union européenne, *Stratégie européenne de sécurité. Une Europe sûre dans un monde meilleur*, Bruxelles, DG publications, 2009, p. 26.

40 Dugot Ph., « Géographes et territoire(s) de l'Europe », *op. cit.*

41 Renan E., *Qu'est-ce qu'une nation ?*, 1869.

42 De Rougemont D., *Lettre ouverte aux Européens*, Éd. Albin Michel, 1970.

43 Habermas J., *Après l'État-nation. Une nouvelle constellation politique*, Fayard, 2000, p. 48.

munauté de destin s'affirme, pour qu'un dépassement de l'État-nation, sans même parler d'une suppression peu imaginable à ce jour[44], soit envisageable, peut-être pour aller vers une structure fédérale, l'Europe manque de ce que Laïdi appelle une « puissance narrative ». Il observe que le déclin des visions téléologiques s'est accompagné de la montée d'une capacité à raconter des histoires, le *storytelling*, avec l'idée que les seuls arguments factuels et rationnels sont incapables de garantir l'adhésion à un projet. En d'autres termes, il ne suffit pas seulement d'exposer des défis et des enjeux, ce que nous avons fait précédemment, pour que cela entraîne mécaniquement une mobilisation citoyenne. Il faut que tout acteur mondial, ou ayant vocation ou ambition à le devenir, appuie « ses références, ses valeurs et ses actes sur un certain discours qui parle à ceux auxquels il est destiné ». Le *storytelling* s'apparente à un « discours d'énonciation du monde ». Selon Laïdi, si ce point « mérite d'être exploré, c'est précisément parce que l'Europe n'a pas de puissance narrative qui viendrait couvrir et légitimer sa puissance normative. La narration du monde vue d'Europe est extraordinairement faible car insuffisamment portée »[45]. Certes, et pour reprendre le propos de Christophe Salmon, il s'agit de « fabriquer des histoires et de formater les esprits »[46]. Certains y voient un appauvrissement de la démocratie. Mais ce qui est vrai pour des scrutins nationaux où l'on pourrait penser qu'il n'y a pas besoin de ce genre d'artifice narratif – quoique la crise de la nation, au moins en Europe occidentale, pourrait amener à discuter cette assertion – l'est-il autant pour l'Europe ? Le jeu politique européen n'a-t-il pas besoin d'histoires et de mythes ?

Cette narration impose aussi d'être en phase avec une réalité commune acceptée qui à son tour, selon une dialectique infernale, nécessite de s'appuyer sur une telle narration. Mais cette dernière, de même que le sentiment identitaire, impliquent un substrat institutionnel clair. C'est le thème de la démocratisation du processus décisionnel européen qui reste posé. Pour notre propos, cette réflexion institutionnelle passe d'abord par l'affermissement d'une représentation extérieure crédible de l'Union. Michel Foucher, prenant acte des évolutions en la matière, émet le vœu suivant :

> Pour l'avenir, ce que l'on peut attendre d'un président stable du Conseil européen est d'être l'énonciateur des grands enjeux qui se présentent aux Européens et des choix à effectuer pour s'y adapter, mieux, les façonner.

---

44 Jacques Delors n'y croit d'ailleurs guère affirmant avec conviction dans ses *Mémoires* (Plon, 2004), sa croyance en la nation, cadre indispensable du processus européen.

45 Laïdi Z., *op. cit.*, p. 266-267.

46 Salmon C., *Storytelling, La machine à fabriquer des histoires et à formater les esprits*, La découverte, 2007.

Conscience géopolitique pour prendre l'exacte mesure de ses capacités d'influence à l'échelle mondiale, servies par la modernité de son modèle.[47]

Là où le respect devrait prévaloir, c'est souvent la défiance ou au mieux la moquerie, y compris au sein des États membres qui l'emporte. On l'a vu. Comment une citoyenneté européenne peut-elle s'épanouir dans un tel climat ? L'action même des États membres, leur incapacité parfois à s'entendre, le sentiment donné que chacun joue sa propre partition à l'échelle extérieure, sont autant de facteurs dirimants !

Ceci étant ce n'est pas d'une ultime révision des Traités et d'un bouleversement subséquent des mécanismes institutionnels dont l'Union a besoin. Sans doute que l'organisation fille du Traité de Lisbonne mérite un réaménagement et certaines clarifications dans l'expression de la personnalité juridique de l'Union face au reste du monde. Il faut cependant se garder des réformes « faussement ambitieuses ». Jacques Delors, regrettait par exemple, en ce qui concerne le volet politique du Traité de Maastricht que « les gouvernements [aient] préféré l'illusion des mots, ne se rendant pas compte qu'ils allaient semer les graines de la déception et de l'indifférence chez les citoyens d'Europe, au fur et à mesure que celle-ci manifesterait son impotence face aux tragédies de l'ex-Yougoslavie et de certains pays africains »[48]. Il faut aussi accepter que ce rapport de l'Union au monde ne puisse procéder que d'une acceptation préalable des États membres[49]. Mais celle-ci ne se manifestera pas si un mouvement citoyen fort ne porte pas le projet européen. On en revient en définitive toujours à la nécessité d'un habitant informé mis en capacité de dépasser la sphère de sa quotidienneté. Au-delà de toute réflexion sur les cadres, c'est peut-être aussi la question d'un certain impératif charismatique dans le fait politique qui s'impose. L'épanouissement d'une citoyenneté européenne a besoin de personnalités fortes, aptes à résister aux tentations de replis et capables de porter un propos mobilisateur et audible par tous, sans céder, évidemment, aux sirènes d'un potentiel populisme européen. Mais cela ne se décrète pas.

Conclusion

Finalement, et en dépit d'une impulsion initiale contraire liée à la tyrannie de la quotidienneté, c'est donc peut-être du risque de consomption géopolitique de l'Europe à l'échelle mondiale, avec son cortège d'effets négatifs induits, que viendra l'impulsion, et peut-être le salut,

---

47 Foucher M., *op. cit.*, p. 138.

48 Delors J., *op. cit.*, p. 361.

49 Cela suppose sans doute l'existence d'une structure sur le modèle du *National Security Council* (NSC) américain, venant au moins éclairer les travaux du Conseil du point de vue de quelques grands enjeux de sécurité extérieure.

qui rendra le Finlandais solidaire du Portugais en dépit de leurs différences. C'est dans une communauté d'intérêts plus identifiable vis-à-vis d'un extérieur à l'altérité plus grande et dans un contexte où les États-Unis joueront leur propre partition géopolitique, d'un atlantisme moindre, dans le cadre d'une cacophonie de type « hobbesien »[50] plus ou moins orchestrée avec d'autres grands joueurs, à commencer par la Chine, que l'inter-reconnaissance des Européens progressera le plus. Il est néanmoins vrai que de nombreux freins existent et que cela ne se fera pas vite.

Soyons d'accord avec Sylvie Goulard qui appelle à un sursaut rapide des Européens « car le calendrier mondial [leur] laisse une "fenêtre de tir" assez étroite. Une fois les puissances chinoise et indienne assises, une fois la course aux matières premières et sources d'énergie exacerbée, il sera trop tard »[51]. Le citoyen européen mesurerait alors tout le prix d'une Union européenne qui ne manquerait pas de s'effilocher rapidement dans une spirale du déclin. C'est face à ses responsabilités collectives qu'il faut mettre le citoyen européen.

---

50 De Hobbes T., 1588-1679.

51 Goulard S., *op. cit.*, p. 178.

Conclusion

Rémy PECH

Professeur émérite
Ancien titulaire de la Chaire Jean Monnet d'histoire européenne
Université de Toulouse-Le Mirail

Il faut d'abord se réjouir du déroulement de cette journée. Et d'abord de son organisation, pensée et mise en œuvre en commun par nos deux universités et le centre universitaire Champollion. C'est un exemple de réalisation interuniversitaire dont l'Europe elle-même pourrait s'inspirer dans les tourments qu'elle éprouve présentement : il s'agit, bien plus que d'une coordination, bien plus que d'une association de logos sur une affiche bleue d'ailleurs très réussie, d'un travail collectif entre partenaires égaux et animés d'une même passion de la recherche, du progrès intellectuel.

Ensuite, de la participation, attentive, pertinente à travers les questions posées, les idées avancées, de nos étudiants, ces jeunes citoyens dont l'inquiétude compréhensible envers les vicissitudes de l'heure n'a pas entamé les enthousiasmes. Enfin, de la très bonne qualité, m'a-t-il semblé, des interventions et des débats.

Certes la question de la citoyenneté européenne est depuis très longtemps à l'ordre du jour. Depuis l'Antiquité, si l'on se réfère seulement à l'étymologie, la définition, la protection et la formation du citoyen sont si je puis dire un marqueur européen. Et la citoyenneté ne se limite évidemment pas à l'individu dans la cité mais implique aussi l'individu pour la cité, c'est-à-dire sa participation à la construction et au fonctionnement de celle-ci.

Bruxelles ou Strasbourg n'ont pas été les seuls lieux où a pu souffler l'esprit de la citoyenneté européenne. Toulouse aussi ! J'en veux pour preuve les travaux essentiels du professeur Isaac sur le droit européen, et il y a cinq ans la belle commémoration interuniversitaire du cinquantenaire du traité de Rome, avec l'éblouissante improvisation du dernier acteur vivant de ce traité, notre ami Maurice Faure, et les éclairantes interventions du regretté Bronislaw Geremek. Certes, dans ce domaine aussi, il y a le réel et le ressenti, et les efforts pour aboutir à une cohésion effective des droits nationaux sont souvent méconnus. Le drapeau bleu étoilé apposé à l'orée des programmes immobiliers espagnols en déroute ne peut plus être la seule image de l'Union telle qu'elle se construit en dépit de toutes les embûches.

Pour Renan, un sentiment national naît d'une communauté de destin : à son époque, ne l'oublions pas, dans les affres de guerres périodiquement déclenchées, et de crises économiques autrement tragiques que celle d'aujourd'hui puisque mettant en danger la vie même de millions d'humains.

Aujourd'hui, la communauté de destin éprouvée par le demi-milliard d'Européens, c'est le chômage, dont les moyennes masquent la réalité, massive pour certains quartiers, certaines régions, certains pays, c'est l'insécurité, pas seulement devant les incivilités (qui sont bien un déni de citoyenneté) mais l'insécurité climatique, alimentaire, etc., c'est l'austérité avec le recul des protections collectives. Et devant ce maelström vécu par la plupart, mais avec un tempo et une intensité très variable, les Européens peuvent-ils, ont-ils intérêt à penser l'Europe autrement que comme un échec, au mieux une contrainte ? Peuvent-ils concevoir que la crise qui les atteint, la crise qui les étreint, existe en dépit d'une construction européenne toujours en chantier et non à cause de ces institutions encore lointaines et mal intégrées dont les décisions sont souvent mal expliquées, mal relayées et partant mal comprises pas ceux qui les subissent ?

Sommes-nous suffisamment conscients que, importée en Europe, la crise financière a éclaté malgré l'Union, et parce que cette Union n'avait pas fait l'effort nécessaire de cohésion, notamment sur la gestion des institutions financières, sur les fiscalités ?

À l'heure où les crédits européens pour venir en aide aux plus déshérités sont menacés d'être coupés, est-ce qu'il n'est pas temps de mettre à l'ordre du jour urgent la justice, pas seulement la justice répressive de la Cour de Luxembourg, mais la justice sociale, nécessairement redistributive ? Et comment pratiquer cette redistribution avec un budget communautaire rivé à 1 % du PIB et sans un fédéralisme fiscal qu'il faudrait arracher à son statut actuel de gentille utopie pour enfin le concevoir comme une ardente obligation ?

Je terminerai par cette citation d'un grand Français et grand Européen, mais il fut, et d'abord dans sa jeunesse, n'ayons garde de l'oublier, un grand Toulousain, Jean Jaurès :

> « *Nous devons fatiguer le doute du peuple par la persévérance de notre dévouement* ».

Cette maxime empreinte de réalisme, mais aussi de volontarisme et d'optimisme à long terme, nous pouvons souhaiter qu'elle inspire d'abord les chefs d'État et de gouvernement européens, souvent enclins et malgré la fréquence accélérée des Conseils qui les réunissent, à se « renationaliser » dans le but illusoire de protéger leurs peuples (et surtout leurs électorats) d'une crise dévastatrice. Ensuite, aux élus, souvent encore tentés par le rejet sur l'Europe de responsabilités qu'ils devraient assumer au lieu de les esquiver. Enfin, à tous ceux qui enseignent l'Europe et qui la nourrissent de leurs recherches et de leur vie. Que les uns comme les autres aient en ces jours difficiles, à l'esprit et au cœur, cette idée, ce cri : Il ne faut pas moins d'Europe, mais plus d'Europe !

Dans la collection « Europe des cultures »

Vol. 1. Mark Dubrulle et Gabriel Fragnière (dir.), *Identités culturelles et citoyenneté européenne. Diversité et unité dans la construction démocratique de l'Europe*, 2009.

Vol. 2. Gily Coene et Chia Longman (dir.), *Féminisme et multiculturalisme. Les paradoxes du débat*, 2010.

Vol. 3. Muriel Rouyer, Catherine de Wrangel, Emmanuelle Bousquet et Stefania Cubeddu (dir.), *Regards sur le cosmopolitisme européen. Frontières et identités*, 2011.

Vol. 4. Lénia Marques, Maria Sofia Pimentel Biscaia and Glória Bastos (eds.), *Intercultural Crossings. Conflict, Memory and Identity*, 2012.

Vol. 5. Léonce Bekemans (ed.), *A Value-Driven European Future*, 2012.

Vol. 6. Albert Doja, *Invitation au terrain. Mémoire personnel de la construction du projet socio-anthropologique*, 2013.

Vol. 7. Alain Michel, *Dompter le dragon nucléaire. Réalités, fantasmes et émotions dans la culture populaire*, 2013.

Vol. 8. Jacques Migozzi, Stéphanie Delneste et Olivier Odaert, *Les racines populaires de la culture européenne*, 2013.

Vol. 9. Laure Clément-Wilz et Sylvaine Poillot-Peruzzetto (dir.), *Construire la citoyenneté européenne*, 2014.

FSC
www.fsc.org
MIX
Papier | Fördert gute Waldnutzung
FSC® C083411

Kolibri 360 GmbH
Ferdinand-Jühlke-Straße 7
99095 Erfurt, Deutschland
produktsicherheit@kolibri360.de